아무 선택도 하지 않으면

아무 일도 일어나지 않아

Collect 40

아무 선택도 하지 않으면

아무 일도 일어나지 않아

다이엔 (윤다윤)

동양북스

프롤로그

나는 정해진 길을 벗어난 사람이 아닌, 수많은 길 중 하나를 선택한 사람일 뿐이다

평범한 인문계 고등학생이었던 나는 졸업 후 대학 진학 대신 호주 워킹홀리데이를 선택했다. 지금 당장 뭘 공부하고 싶은지에 대한 확신이 없었기 때문이다. 누군가는 내 선택을 도피라 했지만, 나는 도망이 아닌 선택임을 보여 주고 싶었다. 주변 대다수의 사람이 이해하지 못했지만 상관없었다. 오히려 직접 부딪히고 도전하면서 더 넓은 세상을 경험하고, 내 미래를 원하는 대로 만들어 보고 싶어 몸이 근질거렸다. 그렇게 연고도 없고 언어도 서툰 곳에서 맨땅에 헤딩하며 모험을 시작했다. 몸이 고달프고, 마음이 아릴 때도 있었지만, 나는 이 선택을 후회하지 않는다. 이 경험이 앞으로 살아가면서 필요한 삶의 태도와 내공 그리고 경험이라는 자산을 쌓아주었기 때문이다.

『아무 선택도 하지 않으면 아무 일도 일어나지 않아』는 해외 생활을 처음 꿈꾼 순간부터 원하던 삶을 현실로 만들어 가고 있는 지금까지의 기록을 담았다. 1부에서는 왜 대학 대신 워킹홀리데이를 선택했는지, 2부에서는 호주 워킹홀리데이를 하며 겪은 고난과 성장을 담았으며, 3부에서는 호주 간호 유학 생활과 삶의 목표 및 선택에 관해 이야기한다. 이 책은 워킹홀리데이 성공 비법서가 아니다. 백 명이 워킹홀리데이를 가면 백 가지의 이야기가 생긴다. 나는 그중 하나의 이야기를 담았을 뿐이다. 겉으로 그럴듯해 보이지만 사실은 실패와 허당의 순간들로 가득했던 시간까지 숨김없이 담았다. 당신 또한 자신만의 이야기를 써 내려가길 바란다.

워킹홀리데이를 마치고 호주에서 바쁜 간호학도로 지내는 동안 매일 조금씩 과거를 회상하며 이 책을 썼다. 힘들었지만 행복했던 기억이 나를 북돋아 주었고, 앞으로 무슨 일이 닥쳐도 잘 극복할 수 있을 것이란 용기를 주었다. 돌아보면 그 모든 고난과 경험이 결국엔 나를 성장하게 했기에, 서툴렀지만 찬란했던 나의 이십 대를 기록한다. 이 책을 집어 든 당신에게도 말해주고 싶다. 세상에 부딪혀 봐도 괜찮다. 내 인생을 사는 사람은 나 자신이기에 모든 선택도 내 몫이다. 남들과 다른 길을 가는 것을 망설이는 이에게도 그까짓 거, 한 번 해봐도 된다고 응원의 말을 전하고 싶다. 남이 당신의 한계를 정하게 두지 말자. 아직 무엇을 원하는지 모르겠다면, 그걸 찾아가는 여정이 인생에서 꼭 필요한 시기라는 것을 알았으면 좋겠다. 그러니 밖으로 나가 부딪히는 것을 두려워하지 말자.

수많은 길 중 당신에게 맞는 방향을 찾아나갈 그대에게 응원을 담아 이 글을 보낸다.

2025년 11월

다이앤(윤다영)

차례

프롤로그　　　　　　　　　　　　　　　　04

(1부)

나도 내 인생 어디로 갈지 모르겠어

꼭 대학을 가야해요?	12
네가 하고 싶은 거 해	16
대학 말고 워홀 가도 될까요?	22
고등학생의 해외 독립 준비하기	26
국내 24시간 셀프 어학연수	32
왜 굳이 호주야?	36
대한민국에서 나는 고졸일뿐이라	42

2부
인생에 정답은 없어

꿈에 그리던 호주행	48
워킹홀리데이 구직과 최악의 현실	52
주급 2,000달러, 그런 데는 여자 안 뽑아요	58
지구 반대편에서 만난 가족	64
진짜 홀로 설 준비	70
집 떠나면 개고생	74
최악을 겪어봐야 알게 되는 것들	80
위기를 기회로	84
만 스무 살에 월 500만 원 버는 지게차 기사가 되었다	90
호주에 정착하기로 마음먹은 이유	96
솔라팜, 너는 놓지 못하겠어	100
전 세계 사람이 이곳에 모인 이유	106
텃세 적응부터 스카우트 제의까지	110
백 마디 말보다 행동으로 보여주는 게 빠르니까	116
인종차별에는 국물도 없다	122
건설 현장에서 제일 어린 동양인 여자 팀리더	128
호주 워홀이 내 인생에 남긴 것들	134

(3부)

나만의 정답을 찾아가는 여정

한국으로 치면 삼수, 아니 사수	144
호주 간호 대학 3년 몰아보기	150
내 인생을 기록하는 최고의 방법	162
내돈내산 유학 본전 최대한 뽑아먹는 법	168
기회와 번아웃 사이, 아슬한 줄다리기	176
하루를 꽉 채워 사는 법	182
간호가 내 천직인가 봐	188
호주 병원 취업기	194
내가 금수저가 아니라서 불쌍하대	200
삶의 최종 목적지 그리고 목표	204

1부 나도 내 인생

어디론 갖지 모르겠어

꼭
대학을
가야 해요?

나는 평범한 대한민국의 초등학생이었다. 부모님의 지원 아래 영어·한자 과외부터 주판, 피아노, 수영 등 다양한 학원을 전전했다. 너 자신을 지킬 줄 알아야 한다는 어머니의 말에 합기도도 다녔다. 하지만 숙제하기 싫어 학습지를 김치냉장고 밑에 밀어 넣어 숨겼고, 숙제를 안 한 것이 걸릴 때면 무서운 효자손 앞에 앉아 다시는 안 그러겠다며 엉엉 울던, 그럴 때마다 엄마 뒤에 숨어 메롱을 하던 친오빠가 얄미웠던 아이였다.

초등학교 2학년 무렵 체벌에 관한 책을 읽은 엄마는 더 이상 매를 들지 않았다. 그렇게 큰 스트레스 없이 초등학교를 졸업하고 중학교에 들어갔다. 중학교 2학년 때는 친구 따라 명문대학 입시를 최종 목표로 하는 중고등부 학원에 다녔다. 학원 선생님은 항상 좋은 대학을 강조했고, 성적을 올리기 위해 치열하게 공부하던 친구들을 따라 처음으로 공부라는 것에 매진하게 되었다. 그렇게 우리가 모두가 아는, 한국판의 치열한 K-학창 시절이 시작되었다.

중학교 2학년 학기 말엔 전교 14등, 반에서 2등이라는 꽤 만족스러운 성적을 받았다. 다들 좋은 성적을 받아야 한다고 입을 모아 말하니 열심히 따라는 갔지만 그렇다고 내가 뭘 하고 싶은지, 어떤 대학에 가고 싶은지에 대해서는 여전히 아무 생각이 없었다. 하루는 학원에서 가고 싶은 대학과 과를 찾아오라는 미션을 받았다. 내가 가고 싶은 대학? 나는 어떤 공부를 하고 싶을까 곰곰이 생각해 보았다.

어릴 때부터 동물을 정말 좋아했다. 집 근처 도서관에 있는 동물 관련 책은 거의 다 읽었고, 나만의 동물 노트를 만들어 책에서 본 내용을 필사하거나 동물 그림을 자세히 그려두기도 했다. 학창 시절 내내 용돈을 모아 길고양이에게 사료를 나눠주며 다녔다. 그로 인해 자연스럽게 동물과 관련된 공부를 하고 싶다는 생각이 들었고, 반려동물학과가 있는 전문대를 찾았다. 다음 날 학원 선생님에게 말하니 한숨을 내쉬며 그보다는 더 '좋은 대학'을 목표로 해야 한다고 말했다. '좋은 대학' 그게 뭔데?

문득 초등학교 시절에 엄마와 나눈 대화가 떠올랐다. 한 교육 방송을 보고 하버드가 무엇이냐 묻자 전 세계에서 머리 좋은 수재들이 모이는 곳이고, 너도 공부 열심히 하면 갈 수 있다고 했다. 그리고 거기에 한 마디를 덧붙이셨다.

"그렇다고 해서 꼭 대학을 가야 하는 건 아니야. 대학은 진짜 배우고 싶은 게 생겼을 때, 그때 가면 되는 거야. 남들이 다 간다고 해서 같은 길을 갈 필요는 없어."

엄마는 내게 배우고 싶은 게 생기면 그때 대학에 가면 된다고 했는데, 학원 선생님은 일단 좋은 대학을 목표로 삼아야 한다고 말했다.

그러니까, 내가 하고 싶은 공부가 있어서 과를 먼저 정하고 대학을 정하는 게 아니라, 대학을 정하고 과를 정하라는 거죠?

네가
하고 싶은 거 해

중학교 3학년, 고등학교 진로를 고민하던 시기에 자주 고민을 털어놓던 둘째 사촌 언니를 찾았다. 나보다 다섯 살이 많은 그녀는 나의 진로 고민에 대해 본인이 느낀 점을 솔직하게 말해주었다.

    "인문계는 좋은 대학교를 목표로 하는 학생에게 집중할 거야. 지금 네 목표는 서울 상위권 대학이 아닌 것 같은데, 굳이 그 안에서 발버둥 치면서 시간 낭비하는 것 보다는 차라리 특성화고 가서 기술 하나 익히는 게 나을 수도 있어. 내 친구 중에서 성적 맞춰서 대학 갔다가 적성에 안 맞아서 고생하는 애들도 꽤 있거든. 네가 하고 싶은 게 확실하면, 그쪽 길로 찾아봐"

    대학 진학만이 유일한 길이 아니라는 생각이 들자, 내가 원하는 게 무엇인지에 대해 더 진지하게 생각하게 되었다. 선생님들 말씀처럼 서울의 상위권 대학 진학 시 긍정적인 영향에 대해서 잘 알지만, 내가 뭘 좋아하는지도 모르는 상태에서 경주마처럼 무조건 높은 성적만을 위해 달리고 싶지 않았다. 일단 내가 무엇을 좋아하는지부터 확실히 알아야 했다. 목표도 없이 성적에 적당히 맞춰 학교를 가고 싶진 않았다. 그래서 좋은 대학을 강조하던 학원을 그만뒀다.

그 시기, 나에게 또 다른 영감을 준 사람은 여덟 살 많은 첫째 사촌 언니였다. 언니는 미국에서 대학을 마친 후 과테말라에서 1년 반 동안 선교사로, 대만에서 영어 선생님 겸 선교사로 1년을 살았다. 매달 보내오는 선교 편지에는 현지 아이들과의 캠프 후기, 다양한 봉사를 하며 지내는 생생한 언니의 삶이 담겨 있었다. 그런 사촌 언니의 타향살이는, 내가 학교에서 듣는 국내 대학 순위를 벗어나 전 세계로 눈을 돌리게 해주었다. 스스로 원하는 방식의 삶을 선택하고, 그렇게 해도 잘 살아갈 수 있다는 것을 보여주는 실제 사례였다.

그때부터 세계 지도를 프린트해 책상 앞에 붙여놓고 바라보며 막연히 상상해 보기 시작했다. 언젠가 세계 어딘가에서 새로운 언어로 친구를 사귀고, 현지의 공기를 마시며 살아볼 수 있지 않을까? 그냥 단기로 떠나는 여행이 아닌 오래 머물며 그 나라를 알아가는 것. 나도 그런 멋진 삶을 살아보고 싶다고 생각했다.

해외에서 살아보고 싶다는 소망과는 다르게 현실 속 나의 영어 실력은 턱없이도 부족했다. 중학교 때 여러 영어 학원에 다녀봤지만, 복잡한 문법 용어와 문제 풀이 위주의 수업은 도무지 이해되지 않았다. 영어로 외국인과 대화를 나누는 것은 상상도 못 할 일이었다. 하지만 해외에서 살아보기 위해서는 영어를 포기할 수 없었기에 주변에 공부 잘하는 친구가 다니는 스파르타식 영어 학원을 등록했다. 다른 학원과 다른 점은 학생이 수업을 잘 따라오지 못해 받는 경고가 누적될 시 퇴출당한다는 규정이 있다는 것이었다.

압박감과 공포심에 나는 광적으로 영어 공부를 하기 시작했다. 등하교 시간, 급식 줄 기다리는 시간, 밥 먹는 시간, 잠자리에 누워 눈이 감길 때까지 기다리는 시간까지 영어 공부를 쉬지 않았다. 그 덕에 3개월 기초 과정이 끝나갈 무렵에는 영어 교과서를 무리 없이 읽을 수 있는 수준까지 되었다. 그러자 학원에서는 수능 영어 문제를 빨리 푸는 기술 위주로 알려주기 시작했다. 영어를 잘하고 싶었을 뿐 수능 영어 점수를 잘 받으려는 게 아니었기에 학원을 그만두었다.

그러던 어느 날, 전혀 예상하지 못한 곳에서 내 인생의 방향을 잡아준 이기백 원장님을 만났다. 원장님은 어딘가 카리스마 있지만 따뜻한 눈빛을 가진 분이셨는데, 스파르타 학원에서 손을 떨며 영어를 배웠다는 나를 자리에 앉혀놓고 언어로써의 영어를 소개해 주었다. 영어는 재밌게 배워야 한다며 섀도잉 방법도 알려주셨고, 쉬운 레벨의 영어 소설들을 손에 쥐여주며 시간 날 때 읽어보라 추천해 주셨다. 또 여러 해외 생활에 관한 이야기도 들려주시곤 했다. 그때 나는 처음으로 워킹홀리데이, 유학, 이민이라는 것에 대해 접하게 되었다.

원장님과의 대화를 통해 다른 나라에 머물려면 어떤 비자가 있고, 영주권은 어떻게 하면 딸 수 있는지에 관한 현실적인 이야기를 들을 수 있었다. 어두워 보였던 나의 앞날에 전등이 하나씩 켜지는 느낌을 받았달까? 원장님은 관심을 보이는 나에게 다양한 해외 생활 이야기가 담긴 블로그를 추천하며 어깨너머로 그들의 삶을 읽어보라 하셨다. 나는 특히 이국만리에 살아가며 겪는 이야기를 풀어놓은 블로그를 좋아했다. 언어도, 문화도, 사람도 모두 다른 그곳에서 힘들고 고될 때가 있지만 결국은 원하는 바를 하나씩 성취해 내는 이민자들의 모습에서 강인함이 느껴졌고, 나도 저렇게 단단한 사람이 되고 싶다고 생각했다.

원장님은 나를 앉혀놓고 말씀하셨다.

"이민은 결코 쉬운 일이 아니야. 연고도 없고, 언어도 다른 곳에서 살아가는 건 많이 외롭고 힘들어. 그러니 유학 가거나 이민 가고 싶은 나라를 지금 정하는 것보다는 일단 그 나라가 나와 잘 맞는지부터 보는 게 중요해. 나라마다 특성이 다 다르거든. 워킹홀리데이 비자로 먼저 그 나라에서 살아보면서 그곳에서의 미래를 그려보고 싶다는 생각이 들 때 이민을 위한 학업을 시작해도 늦지 않아. 국가마다 외국인으로서 현지 취업을 하거나 영주권을 따는데 유리한 대학 전공들이 있거든. 그때 가서 선택하는 게 더 나을 수 있어."

이 길이 내 길이라는 확신이 들었다. 대학은 정말 공부하고 싶은 게 생기면 그때 가면 된다는 엄마의 말, 이민을 위한 학업은 나중에 필요에 따라 결정해도 늦지 않다는 원장님의 조언까지. 당시 나에게는 공부 열심히 해서 좋은 대학에 가는 게 고등학생의 임무라 말하는 사회의 두루뭉술한 말보다 훨씬 더 현실적이고 실질적으로 도움이 되는 이야기였다. 그렇게 나는 대학이 내 인생에 정말 필요하다고 느껴지면 가겠다고 다짐했다. 대학만이 유일한 답은 아니라는 것을 깨달았으니까.

대학 말고
워홀 가도
될까요?

이십 대에 대한 전반적인 계획이 세워졌다. 고등학교 졸업 후 대학 대신 워킹홀리데이를 떠나 그 나라와 내가 잘 맞는지 알아본 후에 유학과 이민 결정하기. 네이버 블로그, 유학 및 이민 관련 서적, 유튜브 영상과 다큐멘터리까지 찾아보며 다른 사람들은 왜 한국이 아닌 타국에서의 삶을 선택했는지 알아보기 시작했다. 먼저 부정적인 이야기가 눈길을 끌었다.

"회사를 위해 저를 갈아 넣었는데, 회사는 저를 존중해주지 않는다는 걸 느꼈어요."

"야근이 많아 아이와 보낼 시간이 없었어요."

"회식에서 반강제로 술을 자주 마시다 보니 몸에 이상이 생겨 어쩔 수 없이 그만두게 되었어요."

당시는 한창 'N포세대', '헬조선', 그리고 '흙수저·금수저' 같은 수저계급론이 유행하던 시기였다. 미디어에서는 한국 사회의 불합리함과 청년 세대의 좌절에 관한 이야기를 끊임없이 쏟아냈다. 고등학생이었던 나에게 이런 사회 현상은 막연한 불안함 또는 걱정으로 다가왔다. 저게 내가 졸업 후 마주하게 될 현실이라고?

   해외 생활의 단점도 분명 있다. 한국만큼 빠르고 편리한 곳이 없고, 대중교통이 잘 되어 있지 않아 차가 없으면 이동에 큰 제약이 생기며, 가족과 친구가 없어 외롭거나 언어의 장벽으로 겪는 어려움 등이 있다. 하지만 나에게 이런 이유는 충분히 감당할 수 있는 정도의 일로 느껴졌다. 한국만큼 빠르지 않기에 여유롭고, 차가 필요하다면 사면 되는 것이며, 언어는 공부하면 되는 것이었다. 적어도 나에겐 그렇게 느껴졌다. 거기다 꽤 독립적인 성향의 나로서는 가족과 친구와 떨어져 지내는 것에 대해 외로움을 타지 않을 것이 분명했다.

   한국을 떠나 캐나다에서 건설 일을 하는 사람, 미국에서 간호사로 사는 사람, 호주에서 바리스타로 살아가는 사람들에게 한 가지 공통점이 보였다. 그들은 자신이 하는 일에 대해 다른 사람에게 비교 받지 않으면서 나대로 살아갈 수 있는 삶을 살아가고 있다고 했다. 해가 떠 있을 때 퇴근해서 가족과 저녁을 함께하고, 남는 시간에는 여가 생활을 하며 보내는 삶이 그곳에선 꽤 흔해 행복도가 높다고 했다.

실제로 이민을 선택한 사람들의 이야기까지 들어보니, 나에게 더 나은 선택지가 있다면, 처음부터 그 선택지를 고르는 게 맞겠다는 생각이 들었다. 현실적인 시각으로 보고자 시청한 이민 다큐멘터리는 오히려 저게 내 삶이 될 수도 있겠다 싶어 미래에 대한 설렘만 더 키웠다.

물론 어떤 나라든 어려움은 있고, 어딜 가던 파라다이스는 아닐 것이다. 하지만 누가 알아? 나에게 더 잘 맞는 나라가 어딘가에 있을 수도 있는 거잖아? 마음에 안 들면 그 경험을 가지고 돌아와서 그 기반으로 다른 일을 해 나가면 되는 것이니, 괜찮은 인생 옵션이라 생각했다.

고등학생의
해외 독립
준비하기

고등학교를 졸업하면 해외로 나가겠다는 부푼 꿈을 마음에 품고 이제는 현실적인 준비를 할 차례였다.

첫째, 가장 먼저 부모님께 나의 계획을 말씀드렸다. 외국에 나가 살고 싶다는 말에 너는 어디서든 잘살 거라며 엄마는 생각보다 흔쾌히 고개를 끄덕이셨다. 오케이 사인에 붙은 전제 조건은 딱 하나였다.

"스무 살까지만 지원해 줄게. 그 이후부터는 너 스스로 해봐."

아버지의 반응은 정반대였다. 네가 외국에 나가서 무슨 일을 하고 살겠냐며 쓸데없는 소리 말라 하셨다. 나를 이해하지 못하는 아버지가 답답하고 서운한 마음이 들었지만, 설득을 통해 부모님으로부터 경제적 지원을 받으려던 목적이 아니었기에 반대해도 포기할 마음은 없었다. 내가 내 돈 모아 간다면 누가 뭘 어찌하겠는가!

둘째, 돈이 필요했다. 유튜브를 보니 워킹 홀리데이를 떠난 청년 모두 스스로 초기 자금을 마련했다기에 나 또한 해외 체류에 필요한 초기 자금을 스스로 모을 생각이었다. 그래서 고등학생 1학년부터 아르바이트를 시작했다. 내 고향은 송탄, 미군 부대가 위치한 지역이었기에 오가며 미군을 쉽게 볼 수 있는 환경이었다. 특히 미군 부대 앞에 있는 거리는 일명 송프란시스코 (송탄+샌프란시스코)라 불릴 정도로 외국 느낌이 묻어나는 곳이었다. 가능한 영어에 노출되고자 첫 아르바이트는 미군 부대 안에 있는 패스트푸드점에 지원했고, 면접 때 한국인 사장님으로부터 영어 발음이 꽤 괜찮다는 칭찬을 받아 그 길로 계산원으로 채용됐다.

사장님이 건넨 매뉴얼에는 외워야 할 메뉴 리스트와 손님 응대용 영어 문장이 적혀 있었다. 외국에서 일하는 기분이라니 설레었다. 매장은 한국군과 미군 손님이 반반이었다. 직접 찾아오는 매장 손님도, 전화로 단체 주문을 넣는 손님도 많았다. 사장님은 일단 주문부터 받고 보는 스타일로 40분은 족히 걸릴 배달에도 손님이 '얼마나 걸릴까요?' 물으면 20분이라 답해야 했다. 그 덕에 온갖 항의는 계산원인 나에게 쏟아졌다. 사장님이 까라면 까야지 하고 깠다가, 한국어와 영어로 양쪽에서 까였다.

그다음 알바는 집 근처 빵집이었다. 출근까지는 걸어서 5분, 근처 아파트 단지에 미군이 많이 살았기에 가끔 외국인 손님이 오는 것도 나에겐 큰 장점으로 다가왔다. 한 번이라도 더 영어를 내뱉고 싶어 몸이 근질거렸으니까. 이곳에서는 주말 알바로 시작해, 나중엔 평일 알바로 바꾸며 1년 반을 꾸준히 일했다. 그렇게 조금씩, 꾸준히 나만의 독립 자금을 모았다.

셋째, 높은 영어 실력이 필요했다. 그 말인즉슨 영어 공부에 더 많은 시간을 할애해야 한다는 것이었는데, 나는 일반 인문계 고등학교의 학생회 바른생활부장이었고, 바른 생활하는 학생이라면 자고로 교실에 앉아 수업하는 선생님을 초롱초롱 바라보는 것이 미덕이었다. 하지만 내 눈깔은 영어 시간에만 반짝 반짝 빛났고, 문학 시간에 관동별곡을 마디마디 쪼개 해석하거나 졸업하면 다시는 볼 일 없을 기하와 벡터 수업을 듣고 있을 때면 다 상해버린 동태 눈깔로 갈아 끼워졌다.

호주나 캐나다에 있는 웬만한 일반 대학은 3~4등급의 내신과 공인 영어 시험 성적이 있으면 된다고 들었기에 내신은 적당히 준비하면 될 것이었다. 그보다 중요한 건 외국에서 대학 수업을 따라갈 영어 실력이었고, 나는 한시라도 더 빨리 영어 공부에 집중하고 싶은 마음뿐이었다. 그러자 학교에서 배우는 것들이 시간 낭비로만 느껴져 도저히 공부할 마음이 들지 않았다.

엄마에게 자퇴하고 영어에 올인하고 싶다는 속내를 내비쳤다. 그런 나에게 엄마는 학교에서 배우는 것들은 당장은 쓸모없어 보여도, 인생을 살아가면서 언젠가는 분명히 도움이 될 지식이니 편한 마음으로 수업을 들어보라고 말씀하셨다. 성적은 네가 알아서 필요한 만큼 받되 학교 공부 때문에 괴로워하지 말고, 하고 싶은 것을 하면 좋겠다고 조언해 주셨다. 마음이 한결 편해졌다.

담임 선생님과의 진로 상담 시간에 워킹홀리데이를 갔다가 유학까지 이어가고 싶다고 말씀드렸다. 선생님의 친구 아들도 워킹홀리데이를 다녀왔다며, 궁금한 게 있으면 알아봐 주겠다고 말씀해 주셨다. 담임 선생님으로부터 내 결정에 대한 존중을 받으니, 방패가 하나 더 생긴 기분이었다. 교무실에도 찾아가 몇몇 선생님께 나의 계획에 대해 말씀드리며 수업 시간에 조용히 영어 단어를 외워도 될지에 대한 허락을 받았다. 그 덕분에 영어 공부에 더 많은 시간을 들일 수 있었다.

하지만 학생 대부분이 국내 대학 진학을 목표로 했기에 학교생활이 조금 외롭기도 했다. 대학 입시 모강과 생기부 전형이 대부분의 대화 주제인 고등학교 생활에서 친구들과 말이 잘 통하지 않을 때도 있었다. 언젠가는 한 선생님이 나를 굉장히 한심하다는 눈으로 쳐다보며 "너 인생 포기했니?"라고 말해 큰 상처를 받은 날도 있었다.

분명 스스로 최선을 다하고 있는데 왜 그런 날카로운 눈빛을 받아야 했던 걸까 억울한 마음이 컸다. 주변 친구들과 다른 길을 선택해서 이런 말을 들은 걸까 순간 내 자신을 자책하기도 했다. 그런 내게 엄마는 사람들은 결국 자기가 보고 싶은 대로 남을 보니 그 시선에 휘둘릴 필요도 없다고 하셨다. 엄마의 학창 시절 때도 그런 선생님이 있었고, 그런 사람들은 어디에나 있다며 신경 쓸 필요가 없다고 했다. 첫 독립을 외국으로 하려는 만 열다섯 딸에게 엄마는 너는 여태까지 잘 해왔으니, 앞으로도 잘할 거라고. 그렇게 믿음을 주셨다.

졸업하면 외국으로 갈 것이라는 나의 말에 친구들이 무섭지 않냐 묻기도 했지만 전혀 무섭지 않았다. 오히려 졸업 후 다가올 독립과 미래가 오히려 기대되었다. 나를 향한 어머니의 믿음이 내 안에 단단히 자란 독립심을 만들어주었다.

국내
24시간
셀프 어학연수

갈 땐 가더라도 고등학교는 졸업하고 가라는 아버지의 말씀에 혹했던 자퇴에 관한 생각은 쏙 집어넣었다. 처음에는 절대 안 된다고 했던 아버지의 조건부 제안을 따르기로 한 것이다. 나는 그렇게 한국에서 고등학교에 다니며 온갖 영어 공부 방법을 시도했다. 먼저 인터넷 펜팔 사이트에서 찾은 외국 친구 몇 명과 번역기를 써가며 대화를 나누었다. 처음으로 영어를 소통의 수단으로 사용해 보니 이토록 재미있는 것이 또 없었다. 내가 못 본 세상에 대해 그들의 경험을 직접 들어볼 수 있다는 게 새로웠다. 언어를 배우는 것에 재미가 들린 나는 어느새 반에서 영어를 가장 좋아하고 잘하는 아이가 되어 있었다.

 고등학교 1학년 2학기, 로터리 교환학생 프로그램을 통해 미국, 프랑스, 대만, 브라질, 스페인에서 약 열 명의 교환학생이 전학을 왔다. 한 명의 교환 학생에게 두 명의 한국인 학생 멘토가 지정된다는 소식에 담당 선생님을 며칠 동안 쫓아다녔다. 끝내 미국에서 온 여자 친구 안드레아의 멘토가 되어 종일 붙어 다녔고, 이 시기 나의 영어 회화 실력은 폭발적으로 증가했다. 같은 아파트 단지에 머무르는 프랑스 친구 리논과 등교하기 위해 매일 밤 10분짜리 스크립트를 만들어 외워갔다. 번역기 돌려 만든 영어였지만, 리논은 기꺼이 들어주었고 우리는 빠르게 친해졌다. 영어가 틀려도 부끄럽지 않았다. 아니, 부끄러워할 시간이 없었다. 영어로 말하고 싶다는 마음이 더 컸으니까.

나는 영어에 미쳐 있었다. 학교 시간표는 영어로 다시 프린트해 책상에 붙여두었고, 학교 영어 도서관에서 영어 원서를 빌려보는 유일한 학생이었으며, 2016년 9월경 학교에 지진이 났을 때도 손에 영어 단어집을 들고 나갔다. 아침 여섯 시, 눈을 뜨면 라디오 영어 방송으로 하루를 시작했다. 등굣길에는 팟캐스트를 통해 영어 리스닝을 연습했고, 점심시간에는 친구에게 영어 단어 구술시험을 부탁했다. 모든 동아리도 영어와 관련된 곳에 들어갔다. 외교, 영어 토론, 영문법, 그리고 내가 만든 영어 동아리까지. 하굣길 역시 팟캐스트를 듣고, 집에 도착해서는 무료 영어 섀도잉 앱으로 하루 15분씩 입을 풀었다. 주말에는 미군 부대에서 멀지 않은 교회 영어 예배에 참석했다. 대부분을 알아듣지 못했지만 언젠가 대학에서 영어로 수업을 들을 날을 꿈꾸며 자리를 지켰다. 교회에 딸린 놀이방에서 봉사하며 미국 아이들에게 책을 읽어주고 같이 인형 놀이를 했다. 내 일상은 영어로 가득 채워져 있었다.

  이 시간을 통해 현재 나의 환경에 상관없이 목표를 향해 노력하는 법을 배웠다. 잠시 다녔던 스파르타 영어 학원 덕분에 자투리 시간을 최대로 활용하는 법을 배웠고, 다른 사람과 같은 시간을 같은 곳에서 보내면서도 나만의 길을 향해가는 법을 배웠다. 그 과정을 이해받지 못한다는 서러움도 종종 있었지만, 그 덕에 이해받지 못해도 괜찮다는 것을 배울 수 있었다. 다양한 활동에 참여하며 기회를 잡는 법을 배웠고, 그 덕에 더 넓은 곳에서의 나를 상상해 볼 수 있었다.

  "What you are not changing, you are choosing(당신이 바꾸지 않는 건, 당신이 선택한 것이다)."

  내가 좋아하는 말이다. 내가 현재 상황에 대한 불만이 있어도 아무것도 하지 않는다는 건 그대로 그 상황을 받아들이기로 선택한 것이다. 내가 지금 처한 환경이, 상황이, 인간관계가 마음에 들지 않는다며 불평해도 바뀌는 것은 없다. 그저 그러한 것을 견디기로 선택한 것이다. 바꾸고 싶다면 능동적으로 내가 원하는 모습, 환경을 보며 작은 선택부터 바꿔 나가면 된다. 결국 내가 선택하지 않으면 아무것도 달라지지 않을 것이기에 우리는 항상 최선의 선택을 해야 한다.

왜 굳이
호주야?

또래 친구들이 대학 입시 설명회를 다닐 때, 나는 나에게 맞는 국가를 찾기 위해 유학·이민 박람회를 찾아다녔다. 이기백 원장님이 지금 당장 해외를 가지 않더라도 박람회를 가보면 그 분위기에서 배우는 것도 많다며 추천했기 때문이다. 부모님은 일로 바빴고, 엄마는 네가 하고 싶은 거 너 자신이 제일 잘 알테니 정보 잘 찾아와서 설명해 달라고 하셨기에, 혼자 유학원에 상담을 받으러 다니기도 했다.

  부모님 없이 방문한 고등학생에게 돌아온 건 유학원들의 시큰둥한 반응뿐이었다. 자녀를 유학 보내려는 대부분의 부모님은 직접 유학원을 찾아와서 학교 위치나 학비, 주변 환경, 학군까지 꼼꼼히 따져본 뒤 자녀에게 가장 적합한 선택지를 추천하는 경우가 대부분이다. 그러니 유학원으로선 부모님의 허락을 받았다며 혼자 찾아온 고등학생의 말이 믿기지 않았을 것이다. 언젠가 내 힘으로 모은 돈을 어디에 투자할지 스스로 판단하고 싶었을 뿐인데, 부모 없이 왔다는 이유만으로 진지하게 봐주지 않는 그들의 태도는 꽤 씁쓸했다.

  박람회에서 무료로 나눠주는 팸플릿과 책자를 집으로 가져와 밑줄을 쳐가며 어디가 나에게 더 맞을지 따져보곤 했다. 친구들이 입시 자료를 뒤지고 대학을 분석하듯, 나도 여러 국가를 분석해 보며 내가 살게 될 국가로는 어디가 좋을지, 어느 나라와 잘 맞을지 끊임없이 고민했다. 내가 가고 싶은 길을 앞서 간 사람이 남긴 블로그도 정독했다. 갈 수 있는 나라도, 비자를 활용하는 방법도 다양했기에, 그들의 선택과 과정을 살펴보며 나만의 루트를 그려보기 위해서였다. 그중에서도, 캐나다에서 워킹홀리데이를 시작해 돈을 모으고 현지에서 간호 대학을 진학해 간호사로 일하고 있는 신비 님의 블로그를 매우 인상 깊게 보았다. 그녀의 글에는 유학·이민에 관한 정보뿐 아니라 낯선 환경 속에서도 스스로 학비를 모으기 위해 투잡을 뛰며 꿋꿋하게 버텨낸 그녀의 강인함이 생생히 담겨 있었다. 그녀의 글을 읽으며, 나도 저렇게 살아가고 싶다고 생각했다. 여러 고민 끝에 유학과 이민에 대한 고민은 제쳐두고 워킹홀리데이를 떠나자는 결론이 났다. 나만의 정답은 직접 살아봐야만 찾을 수 있을 것 같았기 때문이다.

  내가 고려하던 국가는 미국, 캐나다, 호주였다. 하지만 미국은 워킹홀리데이 제도 자체가 없는 데다, 학비는 세 나라 중 제일 비쌌으며, 비자를 받는 것도 가장 까다롭고, 졸업 후에 취업이나 영주권까지의 길이 잘 보장된 편이 아니어서 후보에서 빠지게 되었다. 그다음으로 캐나다는 당시 다소 경쟁적인 워킹홀리데이 비자 시스템(연간 4,000명 선발)을 가지고 있었지만, 영주권까지의 루트가 호주보다 비교적 수월하다는 점에서 마음이 갔다. 인종차별이 없고, 경치가 아름다운 나라라는 이야기에 가장 끌렸지만, 콧속이 얼만큼 추워진다는 날씨에 잠시 보류해 두기로 했다. 마지막으로 남은 건 호주. 워킹홀리데이 비자를 받기 가장 수월한 나라이며, 시간당 시급도 가장 높았다. 영주권까지의 길은 캐나다보다 까다롭지만, 온화한 날씨와 미래 유학을 위한 저축을 생각해 봤을 때, 현실적으로 가장 실패 확률이 낮은 국가였다. 그렇게 내 첫 번째 목적지는 호주로 정해졌다.

워킹홀리데이 비자는 마치 국가가 청춘에게 주는 자유여행 티켓 같았다. 만 18세부터 30세, 혹은 35세까지의 청년들에게 어느 나라든 최소 1년씩 살아볼 특별한 기회를 준다. 게다가 호주에서는 3년까지 비자 연장이 가능하다. 그때부터 호주에서 워킹홀리데이 중인 유튜버의 영상을 챙겨보며 젊은이들의 고군분투를 영상 너머로 느껴볼 수 있었다. 안 되면 되게 하는 그들의 도전 정신은 내 가슴에 불을 지피기에 충분했다. 그렇게 영상을 통해 본 호주의 모습을 토대로, 잠들기 전 나의 미래 모습을 상상해 보곤 했다.

 햇살이 내리쬐는 호주의 푸른 바다. 발끝에 닿는 파도를 가르며 환한 미소로 서핑하며 그곳에서 살아가는 나. 그렇게 호주에 가기도 전에 호주에 빠져들기 시작했다.

대한민국에서
나는
고졸일뿐이라

고등학교 3학년이 되자 주변 친구들은 점점 더 확고한 진로를 정했다. 어떤 친구들은 고등학교 1학년 때부터 가고 싶은 대학과 전공을 정해 생활기록부도 그에 맞게 차근차근 준비해 갔다. 반면에 여전히 자신이 무엇을 좋아하는지, 무엇을 배우고 싶은지 잘 모르는 친구들이 훨씬 더 많았다. 대학 입시가 코앞이다 보니 어쩔 수 없이 뭐라도 선택해야 하는 상황에 놓인 그들의 얼굴엔 초조함이 묻어났다. 이때쯤 전혀 관심 없는 전공이라도 이름값이 높은 대학을 목표로 하는 친구들이 보였다.

대부분의 한국 학생은 많은 시간을 공부에 쏟으며 자란다. 어른들은 꿈이 없어도 일단 공부부터 열심히 해서 좋은 대학에 들어간 후 하고 싶은 걸 찾으라고 말한다. 하지만 청소년에게 스스로 어떤 사람이고 무엇을 진심으로 좋아하는지 충분히 고민할 기회와 시간이 주어지지 않은 상태에서, 이십 대 혹은 그 이후까지 좌우할 수 있는 대학 전공을 선택하라 말하는 현실이 답답하게 느껴졌다. 스스로가 뭘 좋아하고 어떻게 살아가고 싶은지 알아갈 수 있는 시간을 더 가지고 싶었다. 당장 중요한 결정을 내리기엔 너무나도 아는 것이 없고 경험도 턱없이 부족했기에 먼저 세상을 보고, 부딪히며 진짜로 원하는 것을 찾아야겠다고 생각했다. 고등학교 졸업과 동시에 해외로 떠날 것이라 믿고 영어 공부에 모든 시간을 쏟았다. 주변 친구가 대학 캠퍼스 로망과 자유로움을 상상하며 고등학교 시절을 버틸 때, 나는 호주의 파란 바다와 자유로운 삶을 상상하며 버텼다.

졸업 후 바로 호주로 떠나려 했지만, 지인의 부탁으로 반년 정도 한국에 머물며 일을 도왔다. 나는 그 시간 동안 '고졸'이라는 타이틀을 달고, 왜 대학을 가지 않았는지를 누군가를 만날 때마다 매번 증명하듯 설명해야 했다. '그래도 대학은 가야지'라는 말이 우스갯소리처럼 통용되는 사회는 나 또한 당연히 대학생일 것으로 생각했다. 익숙한 질문의 반복, 대학을 가지 않았다는 말에 나오는 짧은 정적과 미묘한 반응이 늘 불편했고, 위축되게 했다.

대학 입시를 준비하는 학생은 수험생, 취업을 준비 중인 사람은 취업 준비생, 시간제 일을 하는 사람은 아르바이트생 등 삶의 단계마다 나를 설명할 명사를 찾아 붙이는 게 흔한 사회에서 나를 표현할 타이틀이 없었다. 언젠가 유학하러 가겠다

말은 하지만, 아직 구체적인 유학 계획이나 자금도 없고, 영어 실력도 어중간한 애. 그게 당시에 나였다. 주변 사람은 모두 사회에 잘 정착해, 자신에게 맞는 절차를 밟으며 살아가고 있는 것처럼 보이는 데 반해 나는 그 틀에서 벗어난 이단아처럼 느껴졌다.

 이렇게 무기력하게만 있을 수는 없었다. 지인의 부탁으로 받은 일을 마무리하고 서둘러 호주 워킹홀리데이 준비를 이어 나갔다. 돌이켜보면 그 시기는 내 꿈이 진짜인지 시험받는 시간이었을지도 모른다. 그동안의 괴로웠던 고민이 무색하게 느껴질 정도로 내가 원하는 게 더 선명해졌던 시간이었다. 직접 모은 돈으로 비자 신청, 신체검사, 항공권 구매까지 완료하고는 점점 현실로 다가오는 출국을 기다렸다. 출국 한 달 전, 주변 사람에게 나의 계획을 알렸다. 몇몇 사람은 '가봤자 영어 안 늘고 맨날 딸기밭에서 딸기 딴다던데?', '돈도 별로 못 번대'라며 걱정을 건넸다. 하지만 그런 말을 해준 이들 중 그 누구도 직접 호주에 살아본 사람은 없었다.

 나에게 워킹홀리데이는 어제 갑자기 결심하고, 오늘 떠나는 그런 즉흥적인 이야기가 아니었다. 그래서 확신할 수 있었다. 나 정도면, 꽤 잘 해낼 수 있을 거라고.

2부

인생에 정답은 없어

꿈에 그리던

호주행

2020년 2월 23일 만 열아홉 살, 하늘색 이민용 캐리어와 배낭을 메고 호주에 도착했다. 비행기에 내려 입국 심사장으로 향하는 길, 창밖으로 호주의 하늘이 힐끗 보였다. 입국 심사를 마치고 공항 입구로 나오자마자 쏟아지는 햇살과 더위가 나를 맞이했다. 그리고 누군가 오늘 날씨가 좋다며 영어로 말을 건 순간, 드디어 내가 꿈꿔왔던 세계에 도착했다는 것을 실감했다. 공항을 나와 택시를 타고 브리즈번 중심부로 가는 길. 지평선 너머로 펼쳐진 호주의 저층 주택과 빼곡히 들어찬 초록빛 나무, 그리고 유난히 파랗고 맑은 하늘이 눈앞에 펼쳐졌다. 매일 아침 미세먼지 지수를 확인하고, 마스크를 쓸지 말지 결정했던 날들이 떠올랐다.

  첫 번째 숙소는 브리즈번의 메리 스트리트에 있는 에어비앤비였다. 택시 차창 너머 커다란 보타닉 가든의 나무는 마치 도시 옆에 자리한 에덴동산 같았다. 캐리어 하나 겨우 펼칠 수 있는 작은 에어비앤비 방에 도착해 짐을 풀었다. 오후 다섯 시면

문을 닫는 마트로 달려가 자두 몇 개, 요거트, 빵을 집어 들어 계산대로 향했다. 떠듬떠듬 동전을 세고 있으니 할아버지 계산원이 웃는 얼굴로 도와주며 스몰토크를 건넸다. 어쩜 이리 생글생글 미소 짓는 사람이 많은지 호주는 첫인상부터 합격이었다.

  도착하고 며칠간은 호주 계좌를 개설하고, 도시를 둘러보고, 장기적으로 거주할 셰어하우스를 찾으며 시간을 보냈다. 호주 중고 거래 웹사이트(검트리, 플랫 메이트)와 브리즈번 대표 한인 웹사이트인 썬브리즈번을 오갔지만, 마음에 딱 맞는 장기 숙소가 없어 에어비앤비 퇴실 날 단기 숙박이 가능한 여성 전용 한인 셰어하우스를 찾아 들어갔다. 들어간 집은 말로만 듣던 닭장 셰어였다. 닭장 셰어는 한 집에 벙크 베드를 여럿 놓거나 거실 또는 베란다에 커튼 및 임시 벽을 세워 한 명이라도 더 받아 운영하려는 모습이 마치 닭장 같은 곳이라 붙여진 이름이다. 바닥 카펫 상태는 말도 못 할 정도로 더러웠고, 식탁 위 누군가 먹다 남긴 버블티는 치우지 않아 곰팡이가 핀 상태였다. 일곱 명의 빨래를 책임질 빨래 건조대 덕분에 거실에서는 미로찾기를 해야 할 판이었다. 그곳에 사는 2주 동안에 열심히 구직 활동을 하면서 마음에 쏙 드는 외국인 셰어하우스를 찾아 빠르게 이사 나갔다.

한국에서 가져온 것은 캐리어 하나뿐이기에, 그 캐리어 빼고는 모든 것이 내가 채워나갈 삶이었다. 처음 보는 풍경과 장면이 매일 나를 일깨워 주는 것 같았다. 거리 곳곳의 캥거루 동상과 무심하게 걸어 다니는 커다란 칠면조, 그리고 도심 한가운데 위치한 인공 해변, 하물며 처음 보는 다양한 체구와 스타일을 가진 사람들까지. 처음 보는 것투성이었다. 이제부터는 지금까지의 나를 초기화하고, 나란 사람을 처음부터 다시 정의해 나가는 것 같았달까? 한국에서는 당연했던 것이 다른 문화권에서는 당연한 것이 아니라는 것을 깨달으면서부터 그동안 너무나 익숙해 보이지도 않았던 나 자신의 모습이 더 선명하게 보이기 시작했다.

꿈에 그리던 호주행은 이제부터 시작이었다.

워킹홀리데이
구직과
최악의 현실

호주 워킹홀리데이 라이프 스타일을 나눠보자면 크게 다음과 같다. 해안가에 거주하며 서핑하러 다니거나 스쿠버다이빙 강사 자격증을 따는 자유형 사람들. 호주인 사장이 운영하는 '오지잡 Aussie Job'을 구해 괜찮은 페이를 받으며 영어실력도 늘리는 밸런스형 사람들. 유명 관광지 근처 호텔 또는 리조트에 일하며 퇴근 후에는 그 근처를 여행하는 관광형 사람들. 투잡, 쓰리잡을 뛰며 돈을 모으는 저금형 사람들. 그리고 세컨 또는 서드 비자 연장을 위해 호주 정부가 정해놓은 특정 우편번호가 들어간 주소지, 즉, 시골에 있는 농장과 공장에서 일을 하는 비자연장형 사람들까지.

 그중에서도 워킹홀리데이의 보편적인 목표인 영어, 돈, 경험을 모두 충족할 수 있는 직종이 성공적인 워홀의 예라는 인식이 있었다. 예를 들어 호주에서 바리스타로 일하는 것은 영어를 쓰며 해외 생활을 해보고 싶은 사람의 로망을 제대로 건드렸기에 성공적인 워홀의 예시 중 하나로 유명했다. 내가 유튜브에서 본 것도 대개 호텔이나 카페에서 서비스업에 종사하는 이의 영상이었고, 나 또한 서비스업 종사를 준비했다. 호주 사장 밑에서 괜찮은 시급을 받으며 투잡 또는 쓰리잡을 뛰면 영어, 경험, 돈을 모두 잡을 수 있을 것 같았다. 카페나 레스토랑에서 일해보고자 식음료를 판매하는 곳에서 일하려면 꼭 필요한 RSA 자격증을 온라인으로 땄다. 호주의 카페 문화나 바리스타로서 알아야 하는 용어는 블로그나 유튜브에 정리된 호주 카페 구직 꿀팁을 통해 공부했다.

구직 꿀팁? 별거 없다. 영어를 내뱉을 수 있는 입과 잡헌팅Job Hunting을 위한 두 발이면 된다. 나는 유튜브에 '호주에서 잡헌팅 하는 법'을 검색해 구직에 필요한 필수 영어 표현을 받아적고 수십 번을 반복해서 연습했다. 이력서를 잔뜩 인쇄해 호주 식당 직원의 기본 착장이라고 하는 검정 상의와 하의, 검정 신발을 맞춰 입고 길거리로 나섰다. 그렇게 입에 문장들을 달달 외우고 나서야 용기가 생겨 눈을 질끈 감고 카페와 레스토랑에 들어섰다. 이력서가 쓰레기통에 직행하지 않도록 무조건 매니저에게 전달하는 것도 하나의 미션이었다. 호주 구인 사이트와 잡헌팅을 통해 매일 지원했다. 그렇게 한 카페로부터 트라이얼Trial(정식 채용 전 가게에 적합한 직원인지 평가받는 과정)을 와보라는 연락을 받을 수 있었다. 처음 잡힌 카페 트라이얼에 설레

하며 카페 메뉴와 재료까지 외워갔지만, 호주 문화에 익숙해지지 않았던 터라 손님에게 건네는 스몰톡은 부자연스러웠고, 라테 아트 실력 또한 형편이 없어 구직에 실패했다.

좌절할 새도 없이 잡헌팅을 지속했다. 하루는 이력서를 전하러 들어간 브리즈번의 한 초밥집에서 중국계 사장님과 바로 즉석 인터뷰를 한 적이 있다. 급여는 현금으로 주며 15달러를 시작으로 3개월 수습 기간 거친 후에 16달러로 올려준다며, 업무에 적응하는 데 시간이 걸릴 테니 이 정도면 후한 거라고 생색을 냈다. 정규 시급보다 한참 낮은 시급을 저렇게 당당하게 말하는 것이 어이가 없어 다시 연락드리겠다며 자리를 떠났다.

또 하루는 한국인 사장님이 운영하는 가게로 인터뷰를 갔다. 짧은 인터뷰 이후에 바로 트라이얼을 진행하게 되었는데, 처음 보는 나에게 반말과 호통을 치고, 배려 없이 함부로 대하는 모습에 고개가 절레절레 돌아갔다. 피크 타임이 지나고 사장님은 앞으로 같이 일하면 좋겠다는 의사를 표했지만, 나는 먼 호주까지 와서 이런 취급을 받으며 일하고 싶지 않았기에, 업무가 잘 맞지 않는 것 같다며 자리를 떠났다.

계속되는 나의 노력이 야속하게도, 구직 활동이 지속되는 와

중에 전 세계를 휘감은 코로나19의 그림자가 점점 짙어지고 있었다. 도착 한 달 후, 호주도 결국 도시 봉쇄가 시작됐다. 시내 곳곳의 가게가 하나둘씩 셔터를 내리기 시작했으며, 뉴스에서는 코로나바이러스 이후로 동양인 혐오 범죄가 늘고 있다는 보도가 나왔다. 당시 호주 총리였던 스콧 모리슨은 '알맞은 시기에 호주를 방문하는 건 좋지만, 이런 시기에는 당신이 방문객이라면 이제는 집으로 돌아갈 때'라고 말했다. 호주 총리의 '이제 돌아가라'라는 말은, 단순한 안내문이 아닌 '당신들은 이 나라의 보호 대상이 아닙니다'라는 통보였으며, 실제로 많은 사람이 귀국을 선택했다.

내 주변도 마찬가지였다. 내가 아는 모든 외국인 친구가 귀국을 결정했고, 하우스 메이트 언니도 일자리를 잃어 가족이 있는 지역으로 이사 나갔다. 웃음소리로 복작복작하던 셰어하우스가 어느새 적막의 공간으로 바뀐 그날 밤, 처음으로 외로움을 느꼈다. 초기 자금은 줄어들고, 일은 구하지 못했다. 몇 안 되는 친구도 다 떠나 버렸으며, 사람들의 사재기로 마트에선 화장지, 빵, 쌀, 생필품 등 모든 것이 매진되는 상황이었다. 하지만 나는 전 세계적 패닉 상황에서도 부모님께 금전적 도움을 받을 생각이 없었다. 잘 살고 오겠다며 큰소리 치고 나온 내 말을 지켜내고 싶었기 때문이다. 이런 상황에서 일단 뭐라도 아껴 살아남아야겠다는 생각에 하루 식사를 세끼에서 두 끼로 줄였다. 몸을 건강하게 하려고 단식원에 스스로 찾아 들어가는 사람도 있는데 잠시 소식 좀 하면 되겠다는 기막힌 자기 합리화 덕에 큰 무리 없이 상황에 적응할 수 있었다.

주급 2,000달러,
그런 데는
여자 안 뽑아요

코로나로 도시가 봉쇄되기 2주 전, 당시 나는 생각보다 어려운 구직에 고전을 면치 못하고 있었다. 떨어져 가는 통장 잔액은 호주에서 남은 내 수명을 뜻하는 것 같아 날이 갈수록 불안함이 배로 늘어났다. 구직을 해야 마음 편하게 놀러 나갈 수 있을 것 같은데, 구직에 성공하지 못해 어딜 놀러 나갈 수도 없었다. 심란한 마음으로 유튜브에 '호주 워홀'을 검색해 다른 사람은 어떻게 살아가나 보다 주급 2,000달러라는 말이 크게 들어간 영상을 클릭했다. 솔라팜에 관한 이야기였다.

　솔라팜은 넓은 땅에 태양광 패널을 설치해 햇빛을 전기로 바꾸는 태양광 발전소를 뜻한다. 농장에서 작물을 수확하듯 햇빛을 모으는 모습 때문에 '솔라팜 Solar Farm'이라 불린다. 호주는 대한민국보다 인구는 절반 수준이지만, 국토 면적은 약 77배나 넓은 데다가, 전체 인구의 80퍼센트 이상이 해안가에 살아 내륙에는 방치된 땅이 많다. 이 버려진 땅에 솔라팜을 설치하면 환경 훼손을 최소화하면서도 저렴하게 전기를 생산할 수 있어 호주 정부가 선호하는 신재생 에너지 산업이다. 게다가 솔라팜 건설 과정에서 고소득 단기 일자리가 창출된다. 방랑자의 삶을 택한 워홀러에게, 도시를 떠나 시골로 들어가 사는 것은 큰 문제가 되지 않는다. 거기에 이 정도의 주급이면 유학의 꿈을 실현할 자금을 확실히 마련할 수 있겠다 싶어 곧바로 가족 단체 채팅방에 한 마디를 남겼다.

"제가 호주에서 할 일을 찾았어요."

지게차 자격증이 있으면 구직에 조금 더 수월할 것이라는 정보를 보고, 그 자리에서 바로 호주 자격증 학원을 검색해 등록했다. 등록한 과정은 호주 건설 필수 안전 이수 자격증 White Card 과 지게차 자격증, 고소 작업·밀폐 공간 작업 교육 이수증까지 총 네 개였다. 예약한 날짜에 맞춰 수업을 들으러 가니 대부분 한 덩치 하는 호주 아저씨가 가득했다. 이미 현장에서 일하고 있지만, 자격증 카드 유효기간이 만료되어 다시 교육받으러 온 그들은 빨갛게 그을린 피부에 형광색 작업복을 입고 있었다. 그 사이에 들어가 앉아 있으려니 뭔가 나도 좀 험해져야 할 것 같고 옷에 페인트가 좀 묻어 있어야할 것 같았다.

호주 생활이 3주밖에 되지 않은 나에게 호주식 영어는 많이 낯설었다. 온 힘을 다해 귀를 열어야만 겨우 수업의 50퍼센트 정도를 이해할 수 있었다. 쉬는 시간에 옆자리 아저씨에게 수업하는 강사의 발음이 억세서 잘 안 들린다고 하니, 그는 웃음을 빵 터트리며 이제 막 커피 한 잔 들고 돌아온 강사에게 네 악센트가 너무 심해 애가 잘 못 알아듣는다며 장난을 쳤다. 이에 강사는 머쓱한 듯 웃으며 조금 더 천천히 수업을 진행하겠다 했고, 그 뒤로 수업 중간중간 내 쪽을 한 번씩 살피며 괜찮냐는 눈빛을 보냈다. 아저씨들 틈에 낀 손녀 같은 기분이 들었달까? 덕분에 호주 건설 필수 안전 이수 자격증과 고소 작업·밀폐 공간 작업 교육 이수증은 쉽게 딸 수 있었다. 하지만 지게차 운행은 안전이 특히 중요하므로 타기 전 점검하는 법부터 시작해 실제로 화물을 적재해 올리는 것까지의 실전 연습을 여러 번 반복했다.

  하루는 수업 후 집 가는 길이 겹친 한 남학생과 기차 안에서 대화를 나눌 기회가 있었다. 그는 이미 건설 현장에서 일을 하는 또래 친구였다. 구직을 준비하면서도 건설 현장에 일하는 게 가능할지 의심되고 겁이 났던 탓에 현장에서 일하는 여자를 본 적이 있는지 물었다. 이에 그는 여자보다는 남자가 많은 건 사실이지만, 이십 대 여자도 일하고, 아기 엄마도 일한다며, 너처럼 지게차 자격증까지 나서서 딸 정도의 애면 무조건 취업이 가능할 거라 말해주었다. 그의 말에 다시 한번 용기를 얻었고, 지게차 필기시험과 실기시험까지 합격해 실물 자격증을 신청했다.

약 한 달이 걸리는 실물 자격증 배송을 기다리는 동안 이력서를 새로 만들어 건설 및 물류창고 직군에서 구직을 시작했다. 그러다 우연히 호주에 거주한 지 꽤 되었다는 한국인 아저씨와 대화를 나눌 기회가 있었다. 호주에 온 지 얼마 안 되었다는 내게 워킹홀리데이 동안 어떤 걸 할 계획이냐 물었고, 얼마 전에 딴 지게차 자격증에 관한 이야기를 전했다. 그쪽에 경험은 있냐는 질문에 경험은 없지만 할 수 있을 것 같아 도전해 보려 한다고 답하자 작은 코웃음을 치며 말했다.

"아… 아직 현실을 잘 모르나 보네. 그런 데서는 여자 잘 안 뽑아요."

현실에 대해 논하는 그는 지게차 자격증도 없고 그 분야에서 일을 해본 적도 없는 사람이었다. 의연히 상황을 넘어갔지만, 그의 태도에 기분이 상했다.

타지 생활을 하다 보면 차고 넘치는 여러 말 속에 불안해하기도 하고, 마음이 갈대처럼 흔들릴 때도 많다. 하지만 결국 최종 결정은 다른 사람이 아닌 내가 내리는 것이기에 내 선택에 대한 확실함을 가지고 밀고 나가보기로 했다.

지구
반대편에서
만난 가족

호주의 도시 봉쇄령으로 일반 산업의 구직은 불가능해졌지만, 도착 두 달만에 한국으로 돌아갈 생각은 없었기에 어떻게든 이곳에서 살아남을 방법을 찾아야 했다. 문득 한국에 있을 때 도서관 해외 서적 구역에서 읽었던 '오페어'에 관한 책이 생각났다. 오페어 Au pair란, '동등한 위치에서'를 뜻하는 프랑스 단어로, 외국인이 현지 가정에 머물며 아이를 돌보고 약간의 집안일을 돕는 대신, 숙식과 소정의 급여를 제공받는 일종의 문화 교환 활동을 뜻한다. 유럽에서는 특히 지갑은 얇지만 외국 생활을 경험하고 싶은 이십 대 초반 청년 사이에서 흔히 선택하는 체류 방식으로 알려져 있다. 숙식이 제공되고 지출이 거의 없다는 점에서, 지금의 나에겐 호주에 남아있을 수 있는 마지막 카드처럼 보였다.

　페이스북 오페어 그룹에 가입하고 자기소개 글을 올린 후 여러 가족에게 이력서를 바탕으로 한 메시지를 보냈다. 이틀 정도 지났을까? 소개 글이 마음에 들었다며 한 가족으로부터 연락을 받아 바로 온라인 인터뷰를 진행했다. 호스트 부모에게 피아노를 포함해 다양한 악기를 다룰 수 있다는 점을 어필했는데, 마침 코로나로 인해 학교 수업 대부분이 홈스쿨링으로 전환되던 시기였던지라 아이들에게 음악을 가르쳐 줄 수 있다는 점을 특히 좋게 봤다. 화면 너머로 보이는 내가 머물 방은 아늑해 보였고, 당시 만 네 살 할리와 여섯 살 프란체스카의 모습은 정말 사랑스러웠다. 조건은 숙식 제공에 주급 200달러. 용돈 정도 되는 금액이었지만, 안전하게 호주에 머무를 수 있는 최적의 조건이었다. 며칠 뒤 호스트 엄마 도나는 직접 데리러 왔고, 그렇게 해안가에서 멀지 않은 언덕 위 집에서 나의 호주 가족을 만났다. 만 열아홉 살. 성인이지만 어른은 아닌, 어쩌면 세상 밖으로 막 걸어 나온 햇병아리 같은 나를 받아준 그들 덕분에 진짜 호주라는 나라를 살아가기 시작했고 사랑하기 시작했다.

    오페어는 마치 현지 홈스테이 어학연수 같았다. 현지 사람과 같이 살며 자연스러운 원어민 영어에 익숙해졌으며, 호주의 삶에 깊이 녹아들 수 있었다. 매일 아침 30분에서 한 시간씩 프란체스카에게 피아노를 가르쳤다. 피아노를 십 년 넘게 쳐왔지만, 누군가에게 기초부터 가르쳐본 적은 없었기에, 유튜브에서 영어로 된 어린이 피아노 레슨 영상을 찾아 스크립트를 정리해 가며 매일 밤 피아노 수업을 준비했다. 날이 갈수록 프란체스카의 피아노 실력도, 나의 영어 실력도 함께 자라났다.

그 집에는 나 이전에 다섯 명의 오페어가 거쳐 갔다. 어쩌다 집에 오페어를, 아니 낯선 이를 집에 들일 생각을 했는지 호스트 부모에게 여쭤보았다. 그들은 무려 이십 년 전에 세계 여행을 했던 이야기를 들려주었다. 도나 아주머니는 어릴 적부터 세상에는 정말 다양한 삶이 있다는 걸 자연스럽게 느끼며 자랐다고 한다. 여행을 좋아하는 삼촌과 이모가 세계 곳곳을 다녀올 때마다 가져온 낯선 음식과 흥미로운 이야기는 어린 도나에게 자유롭고 넓은 세상에 대한 호기심을 심어주기에 충분했다. 그 호기심으로 그녀는 이십 대에 아시아권 12개국을 여행했고, 영국 워킹홀리데이를 하며 유럽을 누볐으며, 일본에서는 워홀러이자 영어 선생님으로 일하면서 또 다른 문화를 경험했다. 등에 배낭을 메고, 눈앞에 펼쳐진 세상에 직접 부딪히며 배워온 사람. 시간이 흘러 부모가 된 후 세계 곳곳에서 온 젊은 청년들을 오페어로 집에 초대해, 이번엔 도나가 그들에게 세상을 보여주고 있었다.

호스트 대디 리처드 아저씨도 주변 사람의 영향을 받아 세계 여행을 선택하게 됐다고 했다. 친구 형이 다녀온 여행 이야기를 듣고 감명받아 고등학교 시절 풋볼팀에서 만난 친구들과 함께 여행을 다니기 시작했다. 영국 워킹홀리데이 비자로 세 가지 일을 병행하며 돈을 모았고, 그 돈으로 유럽을 여행했다. 많은 돈을 벌지 못할 때도 있었지만 숙식 받는 것에도 만족스러웠다고 했다. 몇 년에 걸쳐 유럽에서 남미까지 여행을 이어갔다. 그게 너무 재미있었고, 인생에서 가치 있는 선택이었다고 했다.

이렇게 멋진 가족을 만나다니 나는 참 복 받은 사람이라 생각했다. 아이들과 함께할 때면 즐거웠던 어린 시절이 생각나 행복했다. 같이 마당에서 공놀이하고, 빵을 구워 먹고, 종이접기를 하고, 학교 숙제를 도와주는 일상을 보냈다. 어렸을 적 사촌 언니 오빠들과의 시간이 좋았던 것처럼, 아이들의 어린 시절에 작은 따뜻함을 남겨주고 싶어 최선을 다했다. 어느 순간부터 도나 아주머니는 나를 한국인 딸이라고 부르기 시작했고, 아이들은 나를 한국인 시스터이자 자신이 만난 최고의 선생님이라며 나를 사랑해 주었다.

진짜
홀로 설
준비

부모님 품을 떠나 독립했지만 호스트 가족의 품이 있어 든 든했다. 도움이 필요할 때면 언제든지 두손 두발 벗고 나서주는 그들 덕분에 오페어로 일했던 3개월 동안 호주에 적응하면서 솔라팜 구직을 조급함 없이 준비 해나갈 수 있었다. 구글 검색을 통해 찾은 건설사 웹사이트에서 언제부터 건설 시작인지, 위치는 어디쯤인지 등 솔라팜과 관련된 정보를 모았고, 시골에서 직접 구직을 시도하기 위해 중고차도 구매했다. 앞으로 내 발이 되어줄 4,500달러짜리 보라색 2007년식 혼다 시빅 모델은 이십 년 인생 중 내가 산 가장 비싼 물건이었다. 가지Eggplant 색을 띠어 애기Eggie라는 이름도 지어주었다. 호스트 가족에게도 떠날 날을 말씀드리고 출가를 준비했다.

이사 갈 마을의 숙소를 알아보았는데, 하룻밤에 20~30만 원씩은 부르는 모텔 가격에 깜짝 놀랐다. 시골이라 숙소 선택지가 적어 값을 올려도 지낼 사람은 돈을 지급할 터였다. 도심 지역에서 했던 것처럼 검트리 닷컴과 에어비앤비도 확인해 보았으나 올라와 있는 매물이 없었다. 고용될 확신도 없는 상태에서 한정된 예산을 숙소에 전부 쓸 수는 없었다. 무조건 일반 가정집에서 방을 빌려 지내야겠다고 생각하고 페이스북 지역 커뮤니티 그룹에 가입해 자기소개 글을 올렸다.

 이름은 다이앤, 이사 가는 이유를 간단히 설명하고, 룸 렌트를 원한다며 메시지를 달라고 글을 남겼다. 얼마 뒤 호주 아저씨, 지미로부터 연락을 받았다. 마을에 오는 백팩커를 자기 집에서 공짜로 머무르게 해주는 대신 낮 동안 일을 도와줄 사람을 찾는 데 관심 있냐는 메시지였다. 구직을 위해 그 마을에 얼마나 머물러야 할지 모르는 상황에서, 백팩커들과 친숙하다는 아저씨의 제안이 꽤 괜찮아 보였다. 건설 프로젝트 정보를 마을에서 직접 알아볼 때는 로컬 사람을 알고 있는 게 도움이 될 것 같았다. 혹시 몰라 이전에 머무르고 갔다는 백팩커의 연락처를 받아 직접 대화를 나눠보니, 꽤 괜찮은 후기를 받을 수 있었다. 이 정도면 내가 잃을 것은 없겠다 싶어 시골 목적지는 지미 아저씨 집으로 잡았다.

 분명 한국을 떠날 때는 걱정되는 것 하나 없이 설레는 마음만이 가득했는데 정보도 없는 호주 시골로 들어가려니 떠나기 전날 밤에 손이 미세하게 떨리는 것을 느낄 수 있었다. 다음 날 아침, 도착하면 꼭 연락하라는 호스트 엄마의 걱정과 응원을 등에 업고, 호주 시골을 향해 액셀을 밟았다. 끝없이 펼쳐진 평야를 몇 시간이고 달렸다. 평평한 땅 위에 일자로 쭉 뻗은 도로, 저 멀리 지평선을 따라 늘어선 나무, 360도로 펼쳐진 평야, 하늘과 땅이 정확히 반반 나눠진 풍경과 지평선 너머로 떨어지는 해까지… 이십 년 평생 아파트 단지에서만 살아온 나에게는, 감히 말로 다 표현할 수 없을 만큼 충격적으로 아름다운 풍경이었다.

 이날을 기점으로, 내 3년간의 호주 워킹홀리데이 생활은 생존 모드 그 자체였다. 레벨 1부터 시작하는 목검을 든 뉴비의 모습으로 내가 만든 길을 내가 직접 걸어야만 했다. 돈이 없으면 굶고, 모르면 당하고, 망설이면 놓치는 것이다. 집 근처에 일자리를 구하는 것이 아니라 구해지는 일자리에 따라 집을 구해야 했기에 워킹홀리데이 기간 열 번도 넘는 이사를 했다. 다시 보고 싶지만, 세계 어디에서 다시 볼 수 있을지도 모르는 친구들에게 작별 인사를 고하는 것에 익숙해지는 삶을 살아야 했다. 그저 차 하나로 옮길 수 있는 양의 짐만 가진 채로 이리저리 이동하는 탐험가의 삶을 살았다.

집 떠나면
개고생

장롱 면허의 첫 장거리 운전으로 인해 결국 해가 다 지고서야 시골 마을에 도착할 수 있었다. 다음 날 아침, 집주인 지미 아저씨와 그의 가족, 그리고 나처럼 지미 아저씨네에 지내던 백팩커 마리아와 서로 간단히 인사를 나누었다. 이곳에서 뭘 할 생각이냐는 지미 아저씨의 물음에, 이곳 건설 현장에서 일을 구해볼 것이라는 포부를 알렸다. 집주인은 그렇게 큰 건설 프로젝트가 있으면 자신이 뭔가 들었을 텐데, 들은 것이 없다며 의아한 듯 고개를 기울였다. 하지만 나는 아저씨의 말보다 구글에 올라온 정보를 찰싹같이 믿고 있었다. 이때 이 말을 들어야 했다.

처음 시작한 시골에서의 삶에는 몇 가지 어려움이 있었다.

첫째, 구글 맵 없이는 길을 잃을 것이 분명했다. 지미 아저씨는 시골은 처음이라는 나에게 간단히 동네 투어를 시켜주었는데, 전부 비슷하게 생긴 오래된 주택, 황토색 땅과 풀뿐이라 어디서 핸들을 꺾어도 다 비슷하게 보였다.

둘째, 진짜 호주식 영어를 경험했다. 지미 아저씨는 그 시골에서 나고 자란 토박이였다. 웃기고 착한 사람이었지만, 호주 시골 특유의 투박한 시골 발음이 너무 심한 데다 치아도 몇 개 빠져 있어 영어를 알아듣기 힘들었다. 고작 30퍼센트 정도밖에 못 알아들었지만, 눈치로 10퍼센트를 더 알아들을 수 있었다. 겨우 지미 아저씨 발음에 익숙해질 무렵, 그의 시골 친구들을 만나고 더 큰 혼란에 빠졌다. 지미 아저씨와 그 친구들의 대화를 전혀 알아들을 수가 없었다. 저들은 분명 영어를 하고 있을 텐데 어떻게 단 하나의 단어도 귀에 얻어걸리는 것이 없는지, 그동안의 영어 공부가 헛된 것이었을까 어이가 없었다.

셋째, 발로 뛰며 정보를 모아야 했다. 일단 건설 회사 사무실과 마을 인력 사무소 등을 방문하기 전에 미리 써놓은 구직 관련 대본이 내 입에서 자연스럽게 나올 때까지 반복적으로 연습했다. '어리고 체구 작은 아시안 여자애'여서 일을 안 줄까봐 건설화와 작업복까지 챙겨 입고, 조금 더 성숙하게 보이려고 약간의 화장도 더했다. 사무실에 방문하기 전 지미 아저씨에게 내가 몇 살처럼 보이냐 물으니 열다섯 살처럼 보인다고 해서 성숙함은 포기한 채로 사무실을 방문했다.

너무 긴장한 탓에 속이 울렁거리는 듯한 느낌과 함께 문을 열기 전까지 몇 번이고 숨을 고르며 '할 수 있어. 별거 아니야' 작게 중얼거리며 마음을 다잡아야 했다. 처음으로 찾아간 건설 프로젝트 본사 사무실에서 직접적인 채용 정보는 아니지만 계약된 하청회사의 이름과 번호가 나열된 서류를 받아낼 수 있었다. 역시 발로 뛰니 뭐가 생기긴 생기는구나 싶어 신나는 발걸음으로 귀가해 각 회사에 전화를 걸어보았다. 몇몇 회사와 연결이 되었지만, 구직에 결정적인 정보는 얻지 못했다.

  정보가 생각보다 모이지 않자 나는 마을에서 한 시간 반 정도 떨어진, 건설 현장과 더 가깝다는 깊숙한 시골 마을까지 찾아갔다. 발로 뛰면 뛸수록 작은 정보가 모이는 것을 보니 조금만 더 파내면 구직에 성공할 수 있을 것 같았다. 그렇게 첫 번째 마을 방문에서 나는 길을 묻고 물어 회사 사무실을 찾아낼 수 있었는데, 담당자가 외근을 나간 건지 사무실에 작은 불만 켜져 있고 아무도 없어 다음을 기약하고 다시 돌아가야 했다. 그다음 날, 사무실 사람들이 외근을 나가기 전에 얼굴을 보고야 말겠다는 마음으로 깜깜한 새벽녘에 나와 차에 다시 올라탔다. 그렇게 다시 한 시간 반을 달려 사무실 앞에 차를 주차하고 그 앞에서 세 시간가량을 기다렸다. 하지만 사무실 내부에 불이 켜져 있는데도 불구하고 그 누구도 나오지도, 들어가지도 않았다.

오래 기다릴 작정으로 도시락까지 싸 왔는데 하필 그날 보조 배터리의 충전 케이블을 잘못 가져왔다는 것을 뒤늦게 눈치챘다. 휴대전화를 보니 이미 배터리가 20퍼센트까지 떨어져 있었다. 휴대전화의 지도를 봐야만 집에 되돌아 갈 수 있기에, 바로 철수를 결정했다. 급한 마음에 원래 왔던 길이 아닌, 구글맵이 추천해 준 지름길로 내달렸다. 하지만 그 길은 차가 덜그럭거리는 자갈밭이었다. 속도를 줄여 30분가량 지도를 따라갔는데도 계속되는 자갈밭에 무언가 단단히 잘못되었음을 직감했다. 호주 내륙 한가운데에서 아무도 모르게 사라진 무모한 한국인 워홀러 실종 사건으로 뉴스에 나올 것만 같았다. 그렇게 손에 땀이 나는 시간을 지나, 휴대전화 배터리를 딱 1퍼센트를 남기고서야 무사히 한 주유소에 도착했고, 직원으로부터 충전기를 빌려 안전히 집으로 돌아갈 수 있었다.

그렇게 두려움을 깨고 나오는 과정을 몇 번이고 반복했다. 괜찮을 것이라는 말을 홀로 수백 번 되뇌며. 하지만 당시의 나는 알지 못했다. 코로나로 인해 건설 자재가 호주로 들어오지 못해 건설 프로젝트가 전면 중단되었음을. 아무리 열심히 준비해도, 일이란 건 원래 뜻대로만 흘러가지 않는다는 것을.

최악을 겪어봐야
알게 되는 것들

나에게는 꽁꽁 숨겨둔 워킹홀리데이 시절의 기억이 있다. 유일하게 지워버리고 싶은 기억이라 그 어디에도 잘 꺼내놓지 않았던 고통스러운 기억을 풀어보고자 한다. 당시 나는 최대한 솔라팜에 관한 정보를 모으려 했지만, 뚜렷한 결과를 얻지 못해 빨리 다른 결정을 내려야 했다. 이 마을 근처에 솔라팜 프로젝트가 생길 거라는 막연한 기대, 그리고 다른 지역으로 이사 가기엔 부족한 통장 잔액 때문에 쉽게 이동할 수도 없었다. 결국 언젠가 시작될 솔라팜 프로젝트에 참여할 수 있기를 바라며 마을 근처에서 구직을 시작했다.

 돼지 농가에서 항상 구인 중이니 찾아가 보라는 집주인의 추천에 이력서를 내러 갔고, 얼떨결에 돼지 농장에서 일을 시작했다. 주로 아기 돼지 관리를 맡았는데, 관리 업무의 일부로 꼬리 절단 작업도 이루어져야 했다. 돼지는 스트레스를 받으면 서로의 꼬리를 물어 상처를 입히는 습성이 있기 때문에, 이를 예방하기 위해 생후 며칠 안에 꼬리를 잘라야 했다. 작업은 2

인 1조로 진행됐다. 한 명이 아기 돼지를 들어 올려 꼬리를 자르면, 다른 한 명이 상처 부위에 약을 뿌리고 다시 우리에 넣는 방식이었다. 꼬리를 자를 때마다 아기 돼지가 내지르는 비명이 너무 커서 귀마개 없이는 일을 하기 힘들 정도였다.

그 일을 할 때마다 내 마음속엔 깊은 죄책감이 들었다. 가축은 영어로 Livestock이다. Live(살아있는) Stock(재고). 나는 이곳에서 동물이 숫자와 재고로 빠르게 소비되는 걸 보았다. 밤사이 죽은 아기 돼지는 수레에 실려 나갔다. 아픈 어미 돼지는 이마에 총을 맞고 생을 마무리했다. 하루는 아침에 축사를 돌며 암퇘지 숫자를 세다가 너무 미안해서 눈물이 줄줄 나왔다. 죄책감이 드는 곳에서 일을 했다는 사실이 부끄러워 그 어디에도 말하지 않았다. 인터넷에서 호주로 워킹홀리데이를 간 사람을 '외국인 노동자 따위'라고 깎아내리며 호주인은 안 하는 더러운 일을 하게 될 것이라며 비난하는 것을 보았는데, 실제로 내가 그런 일을 하고 있다는 생각에 자존심이 상하기도 했다. 그렇다고 일을 그만둘 수는 없는 상황이었다. 솔라팜 구직이 간절했고, 그러기 위해서는 마을에 남아야 했으며, 마을에 남아있기 위해서는 가리지 않고 일을 해야 했다. 환경이 더럽고 힘이 드는 건 상관이 없었다. 그저 어떻게든 내가 할 수 있는 걸 다 해보자는 마음뿐이었으니까. 그래서 나는 근무를 지속하면서도 여전히 구직 사이트에서 틈틈이 솔라팜 구인 공고를 확인하고 마을 인력소에 찾아가 이력서를 건넸다.

　이 시기를 지내며 몇 가지를 깨달았다. 해야 하는 일은 결국 해야만 한다는 것. 그곳의 돼지를 보며 마음이 아픈 것은 사실이지만, 먹고 살기 위한 일을 해내야 한다는 사실은 변함없었다. 어쨌든 우리는 삶을 살아가고 있고, 우리에게 닥쳐오는 것을 어떻게든 해결해야 한다. 싫어도 해야 하는 건 해야지. 그 덕에 내가 원하는 길을 위해서라면 이렇게까지 버틸 수 있는 사람이었다는 것을 깨닫기도 했다.

　우리는 강해져야만 하는 순간이 와야 비로소 내가 얼마나 강한지 알게 된다. 이곳에서의 시간이 때로는 외롭고 벅찼지만, 그 안에서도 포기하지 않고 어떻게든 버티니 나의 생존력과 의지력 또한 다시 볼 수 있게 되었다. 뭐야. 나 이런 것도 해내는 사람이잖아? 내가 이런 것도 하는데 못 할 것도 없겠는 걸? 최악을 경험해 봤기에 더 이상 그 이상의 최악이 없어진 것이다. 고생 끝에 낙이 온다고, 나는 결국 호주 워킹홀리데이 비자를 연장할 수 있는 88일 근무 조건을 그곳에서 채웠으며, 얼마 지나지 않아 에이전시로부터 솔라팜 프로젝트 후보자로 선정되었다는 이메일을 받았다.

위기를
기회로

에이전시에서 한 달 내로 입사 관련한 소식을 주겠다는 말에 일을 그만두고 브리즈번으로 휴가를 떠났다. 퀸즐랜드는 코로나 발생 초기부터 방역에 매우 엄격했다. 초기 방역에 성공하고부터 확진자는 거의 매일 0명을 기록했고, 확진자가 한 명만 나와도 바로 도시 전체를 3일 동안 봉쇄했으며, 필수 직군에서 일한다는 통행증이 있어야만 집 밖을 나올 수 있었다. 강력한 방역 덕에 퀸즐랜드 주민은 코로나 이전과 비슷한 삶을 살아갈 수 있었다.

　시골에서 지내느라 못 만든 친구들을 만들고자 'Meetup'이라는 플랫폼을 사용해 다양한 그룹 활동에 참여했다. 언어 교환 카페에서 만난 친구들과 같이 하우스 파티도 가고, 선샤인 코스트 누사에 가서 트레킹하며 야생 돌고래 떼도 보았다. 모튼 아일랜드로 데이투어를 떠나 모래 썰매도 타고, 난파선 근처에서 스노클링하며 에메랄드빛 바다를 누비기도 했다. 그렇게 꿈같은 한 달을 보냈다.

그런데 왠지 불안한 예감이 들기 시작했다. 한 달 안에 연락을 주겠다던 에이전시가 감감무소식이었던 것. 혹시나 하는 마음에 메일을 보냈고, 돌아온 답변은 꽤 절망적이었다.

"고용 시스템에 문제가 생겨 채용 과정을 처음부터 다시 시작합니다."

순식간에 입사 예정자에서, 그냥 한 달 내내 논 백수가 되어 버렸다. 어디서부터 잘못된 걸까, 내가 그동안 시골에 있으면서 꾸준히 지원했던 것도 결국은 다 소용없는 짓이었던 것 같아 절망스럽기까지 했다. 역시 워홀은 계획대로 되는 법이 없구나. 이걸 어떡해야 하나 싶었다.

어떡하긴 뭘 어떡해. 나는 일단 백수 생활을 청산하고자 브리즈번의 호텔에서 체크아웃된 호텔 객실을 청소하는 하우스키핑 면접을 보았다. 일련의 지원 과정을 거쳐 유니폼을 받고 금방 출근할 수 있었다. 침대 정리부터 욕실 청소 팁, 시간 단축하는 요령까지 브라질 출신 브렌다와 짝이 되어 업무를 배워 나갔다. 하지만 호텔 하우스키핑은 정말 힘든 일이었다. 경력자는 빠르게 청소를 끝내는데, 업무가 익숙지 않아 더 오래 일해야만 따라잡을 수 있었다. 엘리베이터가 오기를 기다리며 에너지바를 뜯어 먹는 시간이 나에겐 유일한 휴식이었다. 방의 크기에 따라 주어지는 청소 시간이 달랐는데 초보인 나는 항상 그 이상의 시간을 들여야만 했고, 배정된 시간 이상으로 일한 것에 대해서는 보수를 받을 수 없었다. 그곳에서 약 3주간 일하며 번 돈은 예상보다 훨씬 적었고, 이렇게는 못 살겠다 생각했다.

호텔에서 만난 브렌다의 추천으로 이벤트 에이전시에 등록해 뮤직 페스티벌에서 푸드 코너를 돕거나 VIP 행사장에서 일도 했지만 이렇게 생활을 이어 나갈 생각은 없었다. 도심 지역에서 사는 것은 숨만 쉬어도 돈 나갈 곳이 많아 시골로 가야겠다고 생각할 때쯤, 한인 셰어에서 친해진 언니가 전에 일했던 농장 얘기를 해주었다. 최근 특정 작물의 수확철이 되면서 농장에서 다들 엄청 많은 돈을 벌고 있는데, 마침 자리가 하나 빈다며 관심이 있으면 추천해 주겠다고 말했다. 지금 상황보다는 낫겠지 하는 기대를 안고 제안을 덥석 물었다.

브리즈번에서 세 시간을 달려 도착한 곳은 푸릇푸릇한 산지 지형에 자리한 팜 하우스였다. 아침이면 집 옆에서 캥거루가 풀을 뜯고, 뒷마당 너머로는 커다란 소가 혀를 굴리며 우리를 지켜보는 곳. 밤이 되면 희미하게 은하수가 보이는, 꽤 평화로운 곳이었다. 나는 한 한국인 언니와 함께 약 10분 거리에 있는 파프리카 포장 공장에 배정됐다. 농장 일은 얼마나 많이 수확하느냐 또는 포장하느냐에 따라 돈을 받는 능력제, 또는 하는 일의 양과 상관없이 시간당 시급을 받는 아월리hourly로 나뉜다. 처음 농장 일을 하는 나는 시간당 시급을 받는 아월리로 시작할 수 있었다. 능력제를 했다가는 최저시급 밑으로 돈을 받거나 고된 노동에 허리가 나갔을 것이 분명했다. 생각보다 일이 많지는 않았지만 일을 할 수 있음에 감사했다.

며칠 뒤, 창고에서 지게차를 이용해 채소가 든 커다란 플라스틱 박스를 옮기는 것을 보았다. 내가 그토록 바라던 지게차가 여기에 있다니! 어떻게든 농장주와 친해져 지게차를 연습할 기회를 얻어야겠다 싶어 농장 관리자와 눈이 마주칠 때마다 밝게 인사를 건네며 친분을 쌓았다. 그리고 용기 내어 지게차 자격증을 가지고 있지만 지금껏 연습할 기회가 없었다며, 혹시 일 끝나고 지게차를 한 번 타봐도 될지 조심스럽게 물었다. 그는 시골 특유의 투박한 웃음을 지으며, 흔쾌히 기회를 주었다. 일을 마치자마자 설레는 마음으로 지게차에 올라탔다. 자신 있게 올라타 안전띠를 매려 했지만, 오래된 지게차의 벨트가 툭툭 끊기는 듯 제대로 나오지 않았다. 당황한 마음을 진정시키고 페달에 발을 올리려 했으나 발이 닿지 않아 또다시 당황했다. 애써 자연스럽게 몸을 앞으로 숙여 페달을 밟으며 시동을 걸었다. 후진으로 차를 빼려 했지만, 페달을 밟아도 속도가 오르지 않았다.

　내 모습을 보며 깔깔 웃는 농장 관리자에게 더 잘할 수 있는데 너무 오랜만이라 못한 것이라고 둘러대며, 혹시 괜찮다면 쉬는 시간을 이용해서 조금씩 연습해도 될지 물었다. 농장 관리자는 쉬는 시간을 이용한 연습을 허락했고, 쉬는 시간을 이용해 틈틈이 지게차 운전을 연습했다. 날마다 실력이 오르는 것이 너무 재미있었다. 그렇게 농장에서 일한 지 한 달쯤 지났을까, 그 지역 한인 오픈채팅방에 글이 올라왔다.
　"여기서 몇 시간 떨어진 곳에 지역에 있는 코튼진에서 지게차 기사를 모집합니다. 직접 다녀왔는데 친구 중에 탈 줄 아는 사람 있으면 같이 오라고 해서 여기에 한 번 올려봐요. 관심 있으신 분 연락주세요."

　뭐야? 내가 돼지 농장에서 일했을 때 살았던 그 마을인데? 지게차를 탈 근무지가 있었단 말이야? 그에게 재빨리 연락해 현재 농장에서 지게차를 운전하고 있다는 점과 예전에 그 지역에서 살았던 경험이 있어 지인 찬스로 숙소를 알아봐 줄 수 있다는 점을 어필했다. 이에 그는 연락을 준 몇 명의 사람들 중 나를 선택했고, 나는 다시 그 마을로 돌아갔다. 장비를 모는 직업을 해보고 싶다고 생각한 지 1년 만에 기회가 찾아온 것이다.

만 스무 살에
월 500만 원을 버는
지게차 기사가 되었다

2021년, 워홀러들 사이에서 '돈 잘 버는 3대장'이라 하면 누구나 입을 모아 말하던 직종이 있다. 그레인콥(곡물), 코튼진(목화), 와이너리(와인). 그중 내가 일한 '코튼진 Cotton Gin'은 목화에서 씨앗을 분리하고, 섬유로 추출하는 '목화 정제 공장'이다. 추출된 섬유는 수출 전까지 물류 창고에서 보관하게 되는데, 이곳에서 지게차가 주로 쓰인다.

내가 맡은 업무는 지게차 앞에 포크 fork 대신, 거대한 집게 grab 모양의 어태치먼트가 장착되어 있는 지게차를 이용해 목화 베일을 정리하는 일이었다. 밀폐된 캐빈형 모델이라 바람과 먼지가 들어오지 않고 에어컨과 히터까지 완비되어 있어 나름 쾌적하게 일할 수 있었다. 코튼진은 공장 시스템이라 날씨 영향 또한 받지 않아 비가 오거나 우박이 내려도 일은 계속되었다.

당시 나는 기본적으로 하루 열두 시간, 주 6일의 근무를 했다. 들어오는 목화 물량이 많은 시즌에는 일요일에도 일해 달라는 부탁을 받았기에 원하는 만큼 일을 하고 더 많은 돈을 받아 갈 수 있었다. 농업 분야로 분류되기 때문에 호주에 더 길게 머무를 수 있는 서드Third 비자 요건도 충족되며, 기본 시급에 더해 주말과 추가 근무수당까지 붙어 패널티 임금의 1.5~2배의 시급도 야무지게 받을 수 있었다. 'My dream'으로 지어 놓은 저금용 계좌에 쌓이는 돈을 볼 때마다 꿈에 한 발짝 더 다가선 것 같아 금융 치료 효과를 톡톡히 보았다.

  코튼진에서의 일은 나에겐 단순한 노동, 그 이상의 의미였다. 특히 장비 기사로 채용됐다는 건, 언젠가 '그런 데는 여자 잘 안 뽑아요'라고 했던 말에 당당히 내놓을 수 있는 대답의 완성이었기에, 이 경험을 영상으로 남기고 싶었다. 그렇게 내 하루를 영상으로 담아냈다. 어떤 일을 하고 어떤 방식으로 시간을 보내는지 기록했고, 늘 해오던 대로 영어 공부도 할 겸 영어로 내레이션을 입혀 편집을 마쳤다. 제목은 '나는 만 스무 살에 월 500만 원 버는 지게차 기사가 되었다'로 지어 유튜브에 올렸다. 이 영상은 점점 알고리즘을 타기 시작하더니 영상이 캡처되어 웹사이트에까지 퍼지기 시작했다. 유명 커뮤니티, 포럼, SNS, 그리고 언론사까지. 네이버 메인 화면에 뜨는 등 뉴스채널에도 보도되었으며, 댓글 창에는 온갖 추측과 함께 악플이 쏟아졌다.

내 영상에는 몇 가지 키워드가 있었다. 어린 여자, 높은 월급, 호주 워홀러. 어린 여자가 혼자 호주에 워킹홀리데이를 가서 남초 회사에서 일을 하며 많은 돈을 번다는 것이 꽤 자극적인 조합이었는지 성희롱성 댓글이 물밀듯이 쏟아졌다. 호주에 가서 백인 남자를 몇 명이나 만났겠느니, 퇴근 후에 몸을 어떻게 굴렸겠느니, 슈퍼바이저랑 뭐가 있을 거라느니 댓글을 달며 자기들끼리 낄낄대었다. 하루 열두 시간 근무 후에 유튜브 편집에 영어 공부까지 병행하며 열심히 살고 있는데 모르는 사람들이 나를 '자극적인 키워드'로 소비하며, 깎아내리는 말들에 분노와 억울함이 동시에 밀려왔다. 무시해 보려고도 했지만 내 얼굴 사진이 걸린 기사, 포스트, 영상에 달리는 무분별한 악플을 지켜보는 것은 쉬운 일이 아니었다.

시간이 지나면서 악플과 헛소리에 조금씩 면역이 생겼다. 나의 현실은 문제없이 잘 굴러가고 있었기 때문이다. 유학 자금은 착실히 모였고, 꾸준한 영어 공부로 영어 실력도 오르고 있었다. 화제가 된 영상 덕에 받은 호주 한인 신문 인터뷰로 신문 한 면이 가득 채워지는 경험도 했다. 폭풍이 거셀수록 나침반을 더 자주 들여다봐야 한다. 길을 잘 찾아가고 있는지를 지속적으로 확인하며 길을 잃지 않도록 조심해야 한다. 나에겐 이 시기가 그런 시간이었던 것 같다.

나의 한계를 의심하거나 걱정했던 사람들에게 내가 해낼 수 있다는 것을 보여주는 것은 단순한 증명을 넘어 쾌감이 넘치는 일이다. 내가 한 선택이 옳았다는 안도감, 그것이 스스로에 대한 신뢰로 이어지고, 앞으로 어떤 도전이 와도 해낼 수 있다는 자기효능감으로 이어진다. 우리는 이렇게 작은 성공의 맛을 반복적으로 봐야 한다. 만만하고 쉬워 보이는 것부터 시작해 작은 성공을 쌓아 올리고 나 자신을 믿는 경험을 더해야 그 이후에 오는 더 큰 챌린지들을 넘어설 힘이 생긴다. 그리고 그것이 바로 성장과 성취의 열매이다.

호주에 정착하기로
마음먹은 이유

호주에 산 지도 어느덧 1년이 다 되어갈 때쯤, 워킹홀리데이 세컨드 비자를 신청했다. 최대 3년까지 연장이 가능한 호주 워킹홀리데이에서 이미 절반 가까이 되는 시간을 보냈기에 워킹홀리데이 이후의 계획을 세워야 했다. 해외로 나오면서부터 나의 목적은 '여러 나라에서 살아보고. 나에게 맞는 나라에서 유학을 시작해 영주권으로 이어 나가는 것'이었다. 그래서 호주에서만 워킹홀리데이를 하기엔 조금 아쉽다는 생각이 있었다. 이에 캐나다로 워킹홀리데이를 떠나 살아본 후에 호주와 캐나다 중 나에게 더 맞는 나라에서 유학을 시작할까 싶었다.

　나는 캐나다에 좋은 인상이 있었다. 몇 년째 캐나다 간호사의 블로그를 구독해 일상 이야기를 즐겨 봤던 것에 더해, 캐나다 학비가 호주 학비보다 조금 더 저렴하며 영주권을 따기도 더 쉽다고 들었기 때문이다. 하지만 문제가 있었다. 첫째, 당시 코로나 때문에 국가 간 이동할 수 없었다. 둘째, 솔라팜에서 일해보고 싶어 6개월 넘게 개고생하며 구직을 시도했는데, 솔라팜을 경험해 보지 않고 호주를 떠나기에는 너무 후회가 클 것 같았다. 셋째, 호주 시골에서 보낸 겨울만 해도 너무 추웠다. 대부분 호주 주택은 단열이 잘되지 않아 집 안이 집 밖보다 더 추울 때가 많은데, 내가 이 정도 추위에도 벌벌 떠는 사람이라면, 겨울 나라 캐나다에서는 살아남기 힘들 것 같았다.

미국 유학도 고려해 보았다. 미국 2년제 대학인 커뮤니티 컬리지로 진학해 학점을 쌓고, 일반 대학으로 편입해 학비를 아낄 방법이 있었다. 찾아보니 장학금을 받을 방법도 다양했고, 시골에 있는 대학교를 고려하면 나에게 주어지는 기회가 더 클 수도 있겠다고 생각했다. 졸업 후에 간호사로 취업해 영주권까지 노려볼 수 있으니 꽤 꿔볼 만한 꿈이었다. 하지만 현실적인 제약이 컸다. 미국에서는 유학생이 근무할 수 있는 곳이 제한적이고, 호주나 캐나다보다 이민 장벽이 높은 국가라 비자 불안정성이 부담스러웠다.

이제 호주에 산 지 1년, 뭔가 제대로 해보기에는 너무 짧은 시간이었다. 호주에 조금 더 있다 보면 잡힐 듯 잡히지 않던 솔라팜에서 꼭 일해 볼 수 있지 않을까 싶은 아쉬움도 있었다. 일단 최저시급이 높은 호주에서 돈을 더 벌고, 나중에 생각이 바뀌면 모은 돈을 다른 쪽으로 쓰면 되잖아. 사실상 호주에 남아있는것이 손해 볼 것 없는, 현실적인 선택이었다. 그래서 호주에 조금 더 오래 남아보기로 결심했다.

무엇보다도 호주가 너무 좋았다. 내가 사는 퀸즐랜드는 '선샤인 스테이트' 라고 불릴 정도로 햇살이 가득하며, 퀸즐랜드에서 가장 큰 도시인 브리즈번은 일 년 365일 중 300일이 화창하기로 유명하다. 아름다운 자연환경에 날씨도 너무 좋아서 숨만 쉬어도 행복하다는 말을 입에 달고 살았다. 친절하고 웃음 많은 호주 사람으로부터 '정'도 많이 느껴 큰 외로움도 없었다. 급여, 생활비를 고려한 경제적인 측면에서도 살기 괜찮은 나라였다. 앞으로 남은 워킹홀리데이 경험이 계속 이렇게 행복하다면 호주에 정착할 수도 있겠다는 생각이 들었다.

솔라팜,
너는 놓지 못하겠어

워킹홀리데이 시작부터 내 마음 한편에는 항상 '솔라팜'이 자리 잡고 있었다. 사실 솔라팜은 많은 건설 프로젝트 중 하나에 불과하다. 호주 광산으로 비행기를 타고 출퇴근하는 FIFO Fly In Fly Out 일을 하거나, 다른 건설 현장에서 근무해도 충분히 많은 돈을 벌 수 있다. 하지만 그 당시에는 다른 선택지가 있는지 잘 알지 못했다. 워킹홀리데이 초기에 '솔라팜'이라는 키워드에 딱 꽂혀버렸기 때문에 내 워킹홀리데이 버킷리스트를 완성하려면 그곳에서 꼭 일을 해야만 했다. 그래서 여기저기 일하면서도 항상 공고를 확인하고 에이전시에 전화를 걸었다. 솔라팜 건설이 근처 마을 주민에게 어떤 이점이 있을지 알려주기 위한 공식 설명회에까지 찾아가 기어코 담당자에게 이력서를 쥐어주고 오기도 했다.

　솔라팜 구직을 시도한 지 1년이 되었을 즈음, 운이 좋게 솔라팜에서 근무하는 한 커플을 만나게 되었다. 그들은 솔라팜에 들어가기 위해 시골 마을로 이사했지만, 원하는 직군으로 일자리를 얻는 게 쉽지 않아서 일단 솔라팜 건설 현장 청소 회사에 들어갔다고 했다. 근무시간이 하루에 몇 시간에 불과해 버는 돈은 적었지만, 최선을 다해 사무실을 말끔히 청소했고, 그 노력을 알아본 솔라팜 관리자의 추천으로 정식 건설사로 이직하게 되었다는 이야기를 전해주었다. '길이 없으면 만들어라'라는 말이 딱 어울리는 커플이었다. 호주에서 워킹홀리데이로 살아가다 보면 국적 불문 모험가를 많이 만나게 된다. 생각지도 못했던 방법으로 새로운 길을 만들어가는 사람들의 모습을 통해 용기를 얻게 된다. 그래. 길이 없으면 길을 만들면 되지. 안되면 어때? 다시 해보면 되지.

지게차처럼 자재를 들어 올리고, 기중기처럼 앞 또는 위로 길게 뻗는 기능이 있는 기계인 텔레핸들러 Telehandler 자격증이 있으면 취업에 도움이 될 것이라는 이야기를 듣고, 곧장 브리즈번에 있는 트레이닝 센터를 예약했다. 자격증 수업 들으러 가기 전날, 다시 한번 이력서를 넣으러 마을에 있는 A 에이전시를 찾아갔다. 담당자가 외출해 굳게 닫힌 사무실 문틈 아래로, 에메랄드빛으로 반짝이는 서류봉투에 담긴 이력서를 밀어 넣고, 내 얼굴과 이력을 넣은 지명수배 포스터를 디자인 해 사무실 정문에 대문짝만하게 붙여놓고 왔다.

다음 날, 새벽같이 브리즈번으로 향했다. 텔레핸들러 필기와 실기 테스트를 모두 마치고 자격증을 따자마자 브리즈번에 있는 또 다른 B 에이전시에 찾아갔다. 사정을 설명하자 솔라팜 관련 담당자가 직접 이야기를 나누러 나왔고, 이렇게 직접 지원하러 오는 사람은 많이 보지 못했다며 그 자리에서 바로 에이전시 등록과 함께 온라인 안전 교육까지 해주었다. 그리고 그날 저녁, 대문에 이력서를 붙이고 온 A 에이전시로부터 내 포스터를 본 현장 매니저가 당장 채용하라고 했다는 연락을 받았다. 속전속결로 A 에이전시를 통한 서류 작업도 모두 마쳤다. 2주 안에 근무 시작 일을 알려주겠다는 말을 듣고 코튼진 회사에 일을 그만둘 예정이라는 소식도 전했다. 함께 했던 동료와 웃으며 작별 인사를 나눴고 모든 게 잘 풀리는 듯했다.

그렇게 며칠이 지났지만, 출근일에 대한 연락이 오지 않았다. 기다리다 못해 문자를 보내니 서류가 마지막 승인 단계에 있어 시간이 조금 더 걸린다는 답변이 돌아왔다. 그 말을 믿고 다시 기다렸지만, 일주일이 지나도록 또 감감무소식이었다. 다시 문자를 보내니 황당한 대답이 돌아왔다. 서류가 아직 본사에서 승인되지 않았으니 직접 본사로 전화해 보라는 것이다. 결국 직접 본사에 전화하고서야 온라인 안전교육을 받을 수 있었다. 그 후에 담당자에게 다시 연락했지만, 어이없는 대답이 돌아왔다. 현장 상황이 바뀌어서 지금은 네가 필요하지 않다며, 나중에 기회 생기면 다시 연락을 주겠다는 것이다. 수백 킬로미터를 오가며 준비해 왔던 시간이 머릿속을 스쳐 갔다. 곧 근무를 시작할 수 있다는 설렘과 기쁨이 무기력함과 분노로 바뀌었다. 출근일을 알려줄 거라고 해서 하던 일도 그만뒀다고 이야기해보았지만, 지금은 해줄 수 있는 것이 없다는 말만 돌아왔다. 아휴, 낙동강 오리알 별거 없네. 그게 나잖아, 지금! 다행히도 하우스메이트가 내가 아직 일을 구하지 못했다는 얘기를 슈퍼바이저에게 전해준 덕에 코튼진에서 다시 일할 수 있게 됐다.

몇 개월 뒤, 그 A 에이전시로부터 다음 주부터 일을 시작할 수 있냐는 갑작스러운 연락을 받았다. 나는 대답했다.
"…당연하지!"
단순히 솔라팜을 가고 싶다는 생각으로 시작했는데, 맞지 않는 타이밍과 정보 부족으로 구직에 1년이 넘게 걸렸다. 내가 이렇게까지 했는데 여기서 일 안 시켜주면 억울해 죽겠다는 생각을 들 때쯤 구직에 성공했다.

전 세계 사람이
이곳에
모인 이유

솔라팜 첫째 날이었다. 일찍부터 일어나 형광색 건설 현장복으로 갈아입고 머리를 양쪽으로 땋아 내렸다. 거울 앞에 서서 승리의 사진 한 장 찍고, 안전화 끈을 단단히 조여 맸다. 차에 올라타 20분을 달려 건설 현장에 도착했다. 보안 구역을 통과해 차를 주차하고 사람들 뒤를 따라가니 근무 전 현장 미팅 장소에 도착했다. 추가 안전 교육을 받은 후에 바로 현장으로 투입되었다. 현장은 생각보다 훨씬 넓어 소형버스를 타고 작업 구역으로 이동했다. 곳곳에 펼쳐진 태양광 패널과 다양한 중장비, 그리고 그 사이에서 일하는 사람들을 보니 이곳에서 일을 시작한 것이 실감 나기 시작했다. 나는 전기 기술자를 보조하는 기술직 보조Trade Assistant로 채용되어 자재 운반, 공구 준비, 정리정돈 등 기술자가 원활하게 작업할 수 있도록 보조하는 간단한 업무에 투입되었다. 당시에는 건설 프로젝트가 거의 다 마무리되어 갈 시점이었기에 대게 태양광 패널 설치가 완료된 구역을 다니며 케이블 정리, 나사 조이기 등 및 세세한 마감을 돕는 일을 했다.

그곳에서 세계 각지에서 온 젊은이들을 만났다. 프랑스, 벨기에, 이탈리아, 독일, 영국, 아일랜드, 스페인, 그리스, 인도네시아, 미국, 아르헨티나, 콜롬비아, 칠레, 호주까지. 휴대전화 신호도 터지지 않는 호주 허허벌판에서 팀 단위로 진행하다 보니 종일 대화의 장이 열렸다. 서로 어느 나라에서 왔는지, 호주는 언제 왔는지, 이전엔 어떤 일을 했는지, 워킹홀리데이 이후의 계획은 어떻게 되는지 물으며, 전 세계 젊은이들이 왜 호주로 오는 선택을 했는지 들을 수 있었다.

스페인 출신 아드리아나는 명문대를 나와 안정적인 기업에서 7~8년을 일하던 어느 날 문득, 이대로라면 남은 삶이 지금과 똑같겠다는 두려움이 들어 일을 그만두고 호주로 날아왔다. 프랑스 출신 동갑내기 바티스트는 대학을 가라는 아버지의 성화에 아직 배우고 싶은 게 뭔지 모르는데 왜 대학을 가야 하냐는 물음을 던지고 호주로 왔다. 아르헨티나 출신 소피아는 여러 패션 회사에서 일하다 더 나은 삶을 찾기 위해 호주로 왔다. 안젤로는 엔지니어링을 전공했지만, 적성과 맞지 않아 휴식 겸 호주를 찾았고, 룰라와 브루노는 호주에서 모은 돈으로 고향에 집을 한 채 지을 계획이라 했다. 이탈리아 출신 쌀바토레와 키아라는 레스토랑을 열 거라고 했다. 백팩커들 뿐만 아니라 같이 일하던 전기 기술자 중에도 독특한 이력을 가진 사람이 많았다. 어떤 이는 제빵사였고, 어떤 이는 중학교 음악 교사였으며, 어떤 이는 열여섯 살부터 학교를 그만두고 쭉 일을 해왔다고 한다. 그들로부터 제각기 다른 삶의 이야기를 들을 수 있었다.

그들 또한 나에게 호주에 왜 왔는지를 물었다. 이에 내가 좋아하는 것이 뭔지, 공부하고 싶은 것이 뭔지 확실하지 않아 그것을 먼저 알아보고 난 후에 대학을 가고자 호주 워킹홀리데이를 선택했다고 말했다. 많은 동료가 좋은 결정을 했다며 나를 응원했다. 한국에서의 나는 정해진 길에서 벗어난 사람이었지만, 이곳에서는 수많은 길 중 하나를 선택한 사람일 뿐이었다. 그 사실만으로도 큰 위안이 되었다. 세상은 이렇게 넓고, 삶의 모습은 이토록 다양하다는 걸 알게 된 지금, 나 자신을 어떤 틀에 얽매여 살아갈 필요는 없다는 걸 확실히 깨달았기 때문이다. 다른 사람의 인생과 비교하고, 득과 실을 따지고, 잘났고 못났고, 옳고 그름을 나누기엔 세상은 너무 크고, 인생은 너무나 다채롭다. 삶은 넓고, 깊고, 다양하다.

인생에 정해진 답이 없었다. 네 인생도 정답이고 내 인생도 정답이다. 행복하기만 하면, 그걸로 된 거다. 그게 정답이다.

텃세 적응부터
스카우트 제의까지

처음 기술직 보조로 들어갔던 솔라팜의 프로젝트는 한 달 만에 끝이 났고, 다시 백수가 되었다. 다행히 근처에 공사 중인 솔라팜이 두 군데 더 있었기에 이력서를 다듬고, 페이스북 Australian Solar Farm Work Open 그룹에서 찾은 회사 이메일로 지원서를 보냈다. 피 말리는 2주가 지나 마침내 솔라팜 건설에 투입된 기계 설비 회사 소속 지게차 기사로 채용됐다.

첫 출근 날 현장에 도착해 둘러보니 아직 공사 극초기 단계로 나는 이 건설 프로젝트의 초기 구성원 중 하나로 뽑힌 것을 알 수 있었다. 하지만 아직 지게차가 현장에 배달되지 않은 상태였기에, 한동안은 조립팀에서 일해야 했다. 조립팀의 팀장은 성격이 굉장히 불같은 호주 아줌마였다. 그녀는 내게 지게차 경력을 물었다. 물류 창고에서 하루 12시간씩 주 6일을 거의 1년 동안 근무했다고 답하자 건설 현장에서 장비를 모는 것은 급이 다를 거라며 내 경력을 무시했다. 근무 시간 내내 그녀의 눈치를 보며 기분에 맞춰 행동했고, 때로는 어이없는 이유로 호통을 듣기도 했다. 다행히도 며칠 후 지게차가 현장에 도착해 그녀의 손아귀를 벗어날 수 있었다.

현장에 인원이 늘고 공정이 본격화하자 지게차 한 대를 배정받아 독립적으로 이동하며 작업할 수 있게 되었다. 그러자 내 업무를 부러워하는 동료가 생기기 시작했다. 실제로 장비 기사는 일반 건설 노동자보다 높은 시급이 받았고, 회사에서 숙소도 제공받았다. 나는 이미 거처가 있어 매주 200달러의 숙소 지원비까지 추가로 받을 수 있었다.

호주인 사수 대런 아저씨와 함께 트럭에서 자재를 내리는 업무를 맡았다. 나를 좋게 봐준 대런 아저씨의 칭찬 덕분에 본사에서도 조금씩 인정받기 시작했다. 처음에는 트럭에서 작은 자재들을 내리는 정도였지만, 이후 11미터 긴 철제 튜브가 배송되어 들어오면서 조금 더 고난도 작업을 수행해야 했다. 한 번 해보고 자신이 없다면 안 해도 괜찮다는 슈퍼바이저의 말에 일단 해보겠다고 말하고 그들이 지켜보는 가운데 울퉁불퉁한 지형 위에서 무사히 첫 번째 트럭을 비워냈다. 슈퍼바이저들은 내게 깡이 좋다고 칭찬하며 앞으로 믿고 맡기겠다 말해 주었다. 인정받은 기분이 정말 짜릿했다.

당시 나는 기계 설비 회사에서 일하면서도 계속해서 더 나은 조건을 찾았다. 같은 현장에 있는 전기 회사의 시급이 더 높다는 사실을 알고 있었기 때문에, 호시탐탐 이직의 기회를 노리고 있었다. 그러던 어느 날, 전기 회사 쪽에서 곧 장비 기사를 모집할 예정이라는 이야기를 듣고 바로 그다음 날 현장에서 몰던 커다란 지게차를 타고 사무실을 찾아갔다. 그 회사는 내가 첫 솔라팜 일을 시작했던 전기 회사였다. 사무실 앞에서 우연히 이전에 딱 하루 같이 일했던 호주 아저씨를 발견해 힘차게 인사했다. 다행히도 나를 금방 기억해 준 덕에 그에게 이직 의사를 전했다. 지금 현장에서 지게차를 탄 지도 한 달이 되어 여기저기 구역도 잘 알고, 텔레핸들러 자격증도 있다고 설명했다. 만약 새로운 자격증이 필요하다면 최대한 빨리 준비해 오겠다고도 덧붙이니, 매니저에게 바로 전달해 주었다. 트랙터 운전사가 필요하다는 요구에 바로 트랙터 자격증을 땄고, 일하고 있던 기계 설비 회사에서는 추가로 장비 기사를 채용해 대체 인력이 있던 상황이라 빈자리에 대한 부담 없이 이직할 수 있었다. 딱 세 명을 뽑는 기사 자리 중 하나를 차지해 낸 것이다.

임무는 단순했다. 매설용 고압 전력 케이블 드럼을 트랙터에 연결된 트레일러에 올리고, 밖에서 케이블을 설치하는 사람들과 속도를 맞춰가며 트렉터를 운행한 후에 드럼이 비워지면 새로운 드럼으로 바꿔 끼는 일이었다. 장비 기사의 역할은 일반 근로자와는 좀 달랐다. 중장비를 안전하게 조작하고, 장비 상태를 수시로 점검하며 작업 효율과 안전을 책임지는 것이 메인 역할이었다. 또한 대형 장비를 사람들 바로 근처에서 운전하기 때문에 항상 주변을 주의 깊게 살피고, 필요할 때는 경고를 해야 했다.

전기회사로 이직한 지 한 달쯤 지났을까, 이전 기계 설비 회사 슈퍼바이저가 더 높은 임금을 제안하며 스카우트 제의를 했다. 심지어 일반 오퍼레이터가 아닌 물류 관리 담당자 자리로! 시급도 올려주고 세금이 안 떼이도록 현금으로 생활비를 지원해 주겠다고 했다. 그동안 열심히 일했던 노력을 인정받는 증거 같아 뿌듯했다.

간혹 워홀러니까 회사에서 중요한 일은 안 맡긴다거나 차별받을 거라거나, 호주에서 할 수 있는 일에 한계가 있다는 등 무의식적으로 사람들을 스스로 한계 짓게 만드는 말을 듣기도 한다. 중요한 것은 어떤 비자를 가졌는가가 아니라 내가 어떤 태도로 일하고 살아가는가에 달렸다고 생각한다. 이곳도 사람 사는 곳이며, 체류 비자의 종류는 무수히 많다. 비자는 서류 상태일 뿐 내가 어떤 사람인지 정의하지 않는다. 미래의 기회는 지금의 행동에서 싹 튼다. 단지 언제 피어날지 모를 뿐. 그러니 그 기회의 씨앗에 조금씩 물을 주고 양분이 될 수 있는 일들에 매일 조금씩 힘을 쏟으면 된다.

백 마디 말보다
행동으로 보여주는 게
빠르니까

어렸을 때부터 신체가 잘 단련된 이에 대한 동경이 있었다. 한 번은 텔레비전에서 특공 무술 훈련 시설이 소개되는 걸 보고, 저곳에 보내달라고 부모님께 조른 적도 있다. 초등학생 때는 달리기가 빨라 도내 달리기 시합에 나갔고, 학창 시절 내내 계주 주자로 뛰었다. 고등학생 때는 복싱을 배웠고, 반에서는 체육부장을 맡곤 했다.

 남자도 간호사가 될 수 있고, 여자도 군인이 될 수 있다고 생각하며 자랐다. 서로의 다름을 인정하고, 상호 존중 안에서 이루어지는 양성평등은 너무도 당연한 가치라고 배워왔다. 그래서인지 여자라서 못한다는 말에는 특히 민감한 편이다. 물론 생물학적인 차이로 인해 여자로서 분명 한계가 있는 부분은 있다. 그에 대해 배려받을 수 있다는 것도 감사하다. 배려는 특권이 아니니까. 하지만 충분히 해봄 직한 일에 대해서까지 과도한 배려를 받을 때는 오히려 내가 쓸모없는 사람처럼 느껴져 불편하다.

호주에서 지게차 기사 일을 기록한 유튜브 영상이 바이럴 되어 한국에 보도되었을 때도 몇몇 기사는 지게차 모는 '여대생'이라는 단어를 쓰며 내가 여자임을 강조했다. 그만큼 현장직에는 여자가 흔하지 않았기 때문일 것이다. 호주에서 현장직에 근무하며, 여성으로서 부족하지 않다는 것을 더욱 몸소 증명하려 했다. 특히 남자가 월등히 많고 거칠고 직설적인 건설 현장에서, 모두 같은 돈 받고 일하는데 여자고 약하니 봐달라고 부탁할 생각도, 뒤로 뺄 생각도 없었다. 너는 못할 거라는 말은 인생을 살아오며 여기저기서 충분히 들었다. 본업을 하면서도 그런 시선을 받을 생각은 없었다.

트랙터 기사로 일했던 당시, 최대 10톤까지 운반할 수 있는 트레일러를 트럭에 연결해 전기 배선이 감긴 드럼을 싣고 일했다. 한번은 사용하던 트레일러가 고장 나서 구형 트레일러로 변경해야 했는데, 내 업무에는 트레일러 관리 및 작동까지가 포함되었기에 당연히 팔 걷어붙이고 세팅법을 배우려 했다. 하지만 상사는 위험하니 전부 남자애들에게 맡기라고 했다. 할 수 있다고 말해도 위험하니 떨어져 있으라 말할 뿐이었다. 위험하다고 남자 동료가 주는 도움을 당연하게 받다 보면 결국엔 '혼자 못하는 애', '도움이 필요한 애' 같은 시선을 받을 것이기에 그의 호의가 달갑지만은 않았다. 상사가 여자인 다른 트랙터 팀을 보니, 그 팀의 모든 여자는 구형 트레일러를 다룰 줄 알았다. 나는 내 몫을 해내고 싶었기에 기회가 났을 때 그 팀에 가 조작법과 관리법을 배웠고, 누군가에게 의지할 필요 없이 업무를 수행할 수 있었다.

　장비 기사로 일하며 일반 근로자와 업무 범위가 다르다 보니 질투 아닌 질투를 받은 적도 있다. 어느 순간부터 몇몇 동료가 너는 아무것도 안 하고 편하게 앉아서 일한다며 미묘하게 비꼬는 농담을 던지기 시작했다. 다른 호주인 장비 기사에게는 아무 말도 하지 않으면서 나에게만 선을 넘는 농담을 던졌다. 상사에게 이런 취급 받으며 일할 생각이 없다고 강하게 전하니 그날 바로 같은 팀 사람을 모아 내 업무 범위에 대해 다시 정의해주었다. 불만이 있으면 지금 말하라는 그의 말에 나는 손을 들고 불특정 다수에게 전했다.
　"앞으로 누군가가 나에게 '너는 아무것도 안 한다'라는 소리 지껄이면, 물병으로 머리를 깨버릴 거야. 그러니까 말조심해."
　그 미팅 이후, 농담을 던졌던 한 친구로부터 사과를 받았고, 더 이상 누구도 내게 비꼬는 듯한 농담을 하지 않았다. 건드리면 물어버린다는 걸 알려줘야 했다.

　전기 기술자와 팀을 이뤄 새로운 작업을 맡은 적이 있다. 기술자 한 명당 남자 보조 한 명이 배치됐는데, 좁은 공간에서 세밀한 배선 작업을 해야 해서 덩치 큰 조수와 효율적인 작업이 이뤄지지 않았다. 이에 기술자들이 더 정밀한 작업이 가능한 여자 보조를 요청했지만, 슈퍼바이저는 그건 남자가 할 일이라며 반대했다. 기술자들이 거듭 요청한 끝에 나를 포함한 여자 보조 둘이 투입되었다. 막상 작업에 들어가 보니, 손힘만으론 어려운 부분이 많았다. 그래서 밧줄을 걸어 발로 미는 방식 등 요령을 찾아 문제를 해결했고, 협소한 공간에서 손목 각도를 세심하게 조절해야 하는 작업도 체구와 유연성 덕에 수월하게 진행했다. 슈퍼바이저는 여전히 탐탁지 않은 시선으로 지켜봤지만, 기술자들은 고마움을 전하며 우리를 신뢰해 주었다. 그렇게 우리는 그 작업을 처음부터 끝까지 몇 주에 걸쳐 완벽히 마무리했다. 오기를 건드리는 게 사실 슈퍼바이저들의 작전이었을지도 모른다는 생각이 들었다.

농장에서 자라 온갖 장비 운전을 다 할 줄 알던 호주인 언니가 이런 말을 해준 적이 있다. 새로운 현장에 장비 기사로 채용되면 여자라고 일단 비웃고 보는 사람이 많다고 했다. 그런데 자신이 운전대 한 번 잡으면 그새 다들 입을 다문다며, 능력은 입이 아니라 행동으로 보여주는 게 제일 빠르다고 했다. 벼룩은 자기 몸의 100배가 넘는 높이를 뛸 수 있지만, 작은 통에 일정 시간 갇혀 있으면 그 통의 높이까지만 뛰고, 그 이상은 도전하지 않는다. 나를 한계 짓는 선 따위는 노땡큐다. 뛸 수 있는 데까지, 아니, 뛸 수 있다고 믿는 것 이상까지도 뛰어보고 싶으니까. 나의 한계는 남이 아니라 스스로에게 달린 것이다.

인종차별에는
국물도 없다

호주에서 살아가며 미묘한 인종 차별부터 확실한 인종 차별까지 다양하게 경험했다.

　첫째, 나를 보고 일본어 또는 중국어를 하며 웃어댄다거나 손으로 눈을 찢는 시늉을 하며 웃어대는 무식함에서 비롯한 인종 차별이 있다. 호주에서 처음 경험한 인종 차별은 코로나 시기에 집 상태를 체크하러 온 집주인의 여덟 살 딸아이를 만났을 때였다. 아시아인인 나를 보고 코로나바이러스라고 비명을 지르면서 아빠 뒤로 숨어들었다. 그 모습을 보며 집주인 아저씨는 그저 허허 웃고만 있었다. 나는 그 자리에서 얼어붙었다. 지금 꼬맹이한테 인종 차별당한 거지? 당황해서 말 한마디 못 하고 서 있던 내 모습이 후회되는 밤을 보냈다.

　한 번은 근무지에서 유럽인 동료가 나를 보고 손으로 눈을 찢는 행동을 하며 너는 이렇게 생겼다며 웃어댄 적이 있다. 하던 일을 멈추고 지금 뭐 한 거냐고 정색하며 묻자, 이거 웃기지 않냐며 다시 한번 해 보였다. 언제 받아도 여전히 당혹스러운 제스처. 네가 지금 한 행동은 인종 차별자가 동양인의 외형을 희화화할 때 사용하는 제스처이고, 멍청한 행동이라며 기분이 나쁘다는 것을 강하게 표했다. 그러자 그 친구는 자신은 정말로 이게 인종차별적인 행동인지 몰랐다며 단순히 웃긴 행동이라고 생각해서 했던 것뿐이라고, 정말 미안하다고 사과했다. 주위를 둘러보며 다시 한번 말했다. 이건 전혀 웃긴 게 아니라 인종 차별적인 행동이며, 혹시라도 어디 가서 이런 행동은 하지 않았으면 좋겠다고! 다들 고개를 끄덕거렸다. 실제로 이후에 비슷한 일이 생겼을 때, 그 자리에 있었던 동료가 내가 뭐라고 하기도 전에 나서서 상대방의 행동을 제지해 주었다.

　불행 중 다행이라고, 그렇게 인종 차별을 하나씩 경험할 때마다 '아 이렇게 대답할걸!' 하는 후회들이 쌓여 인종차별에 차분하게 맞서나갈 수 있게 되었다. 세상은 넓고, 무지는 만연하다. 우리는 그 무지에 지식 한 스푼을 더해주면 된다. 잘못된 것은 잘못되었다고, 기분이 나쁜 건 나쁘다고 확실히 말할 줄 알아야 한다. 그래야 조금씩이라도 이 무지가 사라질 것이다. 참는다고 해결되는 건 없다.

　둘째, 출신 국가 또는 인종을 바탕으로 은근히 무시하는 사람을 마주칠 때도 있다. 근무지에 60대 백인 호주 아저씨가 새로 와서 인수인계를 해준 적이 있다. 이해가 더딘 그에게 기기 세팅법을 노트에 적어주겠다고 하자 영어로 써달라고 요청해 왔다. 여태 영어로 문제없이 대화를 나눴고, 내 모국어에 대한 언급도 전혀 없었는데, 갑자기 영어로 써달라며 웃던 것은, 결국 내 출신을 크게 의식하고 있었기 때문일 것이다. 그 찜찜함이 얼마 지나지 않아 다른 아시안 동료의 말은 아예 못 들은 척 무시한다는 것을 알게 되었고, 바로 사무실로 찾아가 그의 행동을 보고했다. 그리고 그 아저씨는 해고되었다.

호주인 전기공 존과 트러블을 겪은 적이 했다. 비가 많이 와서 다른 업무를 진행할 수 없어 많은 전기공이 우리 팀에 임시 배치되었고, 그가 계속 실수를 반복하는 바람에 다른 사람들이 불편함을 겪고 있었다. 팀리더였던 나는 그에게 다시 한번 업무 디테일에 대해 친절하게 설명했다. 그런데 그는 팔짱을 끼고, 다리를 꼰 채로 기둥에 기대서더니 어느 나라에서 왔냐고 물었다. 한국에서 왔다고 대답하니 그건 한국인 방식이지 호주 방식이 아니라는 말을 내뱉었다. 그의 말에 고개를 갸우뚱하며 호주에서 호주인에게 이 일을 배웠고, 몇 달째 똑같이 일하고 있으니 이건 호주 방식이라 말했다. 그는 반박할 말이 없는지 그대로 뒤돌아섰다. 알고 보니 존은 이미 여러 전기공

사이에서도 문제를 일으키는 사람으로 유명했고, 모든 상황을 지켜보던 상부에서는 곧 그를 해고했다.

  호주에서 인종 차별을 겪었던 경험이 있지만 누군가 호주가 인종 차별이 많은 국가냐 묻는다면, 그렇지 않다고 답할 것이다. 너무나도 친절한 호주인을 셀 수도 없이 많이 만났기 때문이다. 호주는 아름다운 자연환경과 독특한 동물이 사는 나라로도 유명하지만, 과거 백호주의가 존재했던 나라이기에 '인종 차별주의 국가'라는 이미지도 가지고 있다. 가끔 인터넷이나 뉴스에서 호주 길거리에서 인종 차별을 당했다는 글이나 영상이 올라오면, 이런 이미지가 다시 주목받기도 한다. 하지만 그런 식으로 길거리에서 문제를 일으키는 사람 중 대다수는 이미 마약이나 음주 문제로 인종 차별뿐 아니라 다양한 사회 문제를 일으키는 사회 부적응자인 경우가 많다는 사실을 알아야 한다.

  '언어 차별'에 관해서도 한마디 덧붙이고 싶다. 호주는 이민자로 세워진 나라라서, 영어 실력을 기준으로 상대의 출신을 가늠하는 경우가 많다. 이때 우리는 한국과 호주의 문화적 배경 차이를 이해할 필요가 있다. 예를 들어, 한국에서 한국어를 하는 외국인을 만나면 한국인은 보통 크게 칭찬한다. 전 세계 한국어 사용 인구는 약 8천만 명에 불과하며, 한국어를 배우려 하는 그 노력이 고맙게 느껴지기 때문이다. 반면, 호주를 포함한 영미권 국가에서는 상황이 다르다. 전 세계 영어 사용 인구는 약 15억 명이다. 영어권 국가에서 태어났다는 것만으로도 세계 공용어를 자연스럽게 배우는 특권을 가진 셈이다. 그런 이유로 영어를 잘 못하는 사람에 대한 배려는 상대적으로 적다. 이로 인해 인종차별로 느껴질 수 있는 '언어 차별'이 발생하기도 한다.

  친한 친구가 내 말을 세 번 이상 못 알아들으면 벌써 답답해지는데, 하물며 모르는 사람에게 같은 말을 반복하거나, 더 쉬운 표현으로 굳이 풀어 설명해줘야 할 의무는 누구에게도 없다. 그러니 우리는 해외에서 잘 살아가기 위해서, 나 자신을 지키기 위해서 살아가고자 하는 국가에서 사용되는 언어를 잘 구사할 수 있도록 노력해야 한다.

  호주에 차별이 전혀 없다고 말하는 것은 아니다. 다만, 호주의 '인종 차별'에 대한 이야기를 듣고, 막연히 해외를 나가보는 것조차도 두려워하는 사람이 없었으면 하는 마음에 이렇게 시시콜콜 얘기해주고 싶었다.

건설 현장에서
제일 어린 동양인
여자 팀리더

나는 우리 회사 현장직에서 근무하는 제일 어린 아시안 여자 장비 기사이자 팀리더였다. 처음에는 장비 기사로 채용되었지만, 열심히 일한 덕에 슈퍼바이저로부터 신뢰를 얻을 수 있었고, 공사가 진행돼 장비 운전이 필요 없어진 후에는 직무가 팀리더로 바뀌었다. 팀리더로 일하는 것은 쉽지 않았다. 장비 기사로 일할 때는 조용히 혼자 할 일만 제대로 처리하면 됐는데, 이제는 팀을 이끌며 사람들과 매일 부딪혀야 했다.

 솔라팜 같이 도시에서 몇 시간은 떨어진 시골에 있는 건설 프로젝트는 일을 위해서 아예 지역 이동을 해야 하는 경우가 많다. 그래서 웬만한 메리트 없이는 사람들이 일하러 오지 않기 때문에 더 높은 시급을 제안하는 방안을 통해 인력을 충원한다. 하지만 이미 가족, 아니 모국을 떠나온 나 같은 사람에게는 돈만 잘 준다면 위치가 크게 상관없다. 그래서 솔라팜에서 일하는 사람 중에는 호주인보다 유럽, 남미 등지에서 온, 이른바 '백팩커'가 더 많은 편이다.

이 때문에 근무지 문화는 호주 한 스푼에, 그 현장에서 가장 많은 국적의 문화가 두 스푼 섞여 결정된다. 내가 근무하던 당시에는 남미 50퍼센트, 유럽 30퍼센트, 호주 15퍼센트, 기타 국적 5퍼센트로 이루어져 있었다. 그로 인해 서로 다른 근무 문화를 이해해야 하는 상황이 자주 발생했다. 일에 대한 관점이 꽤 달랐기 때문이다. 동료 중 상당수는 자유로운 히피 같은 성향을 보이고 있었기에, 돈이 모이면 곧바로 여행을 떠나는 사람도 많았다. 건설 대지가 매우 넓고 이곳저곳 숨어 있을 장소가 많아 슈퍼바이저 몰래 게으름을 피우는 사람도 있었다.

내가 팀리더로 배정된 팀은 이전부터 업무 분담이 제대로 되어 있지 않아 같은 임금을 받음에도 누군가는 내내 일하고 누군가는 계속 앉아서 쉬는 상황이 반복되었다. 아무리 봐도 불공정하게 여겨져 주변 동료에게 의견을 구하니 사람마다 능력이 다르므로 각자의 속도와 방식대로 일하는 것이 맞다고 입을 모았다. 하지만 그 생각이 일하고 싶은 사람은 일하면 되고, 쉬고 싶은 사람은 쉬어야 한다는 식으로 극단적으로 흘러가 현장에서 스도쿠 책을 펴놓고 서서 놀거나, 다들 일하는데 구석에서 낮잠을 30분이나 자는 사람까지 생기기도 했다. 팀리더로 공정하게 일을 배분하는 것이 내 역할이라고 생각했기에 더더욱 그들을 이해할 수 없었다. 일하는 사람 옆에서 버젓이 놀고 있는 것은 그저 각자의 속도나 능력의 문제가 아니라 배려와 이해의 범위이기 때문이다. 일터에 왔으면 그냥 일을 하는 게 기본 아니냐 물으니, 한 친구가 아직 어려서 잘 못 하는 거 같은데, 모두의 능력치는 다르고 그걸 이해해야 한다고 말했다. 다른 친구는 한국은 너무 열심히 일만 하려고 하니까 자살률이 세계 1위가 아니냐고 덧붙였다. 어릴 적부터 '주인의식을 가지고 일해야 한다'라는 말을 듣고 자랐다. 어떤 일이든 책임감을 가지고 일해야 그 경험이 나중에 어떤 일을 하든 도움이 된다고 배웠다. 그래서 무언가를 맡으면 제대로 해내야 한다는 건 너무나도 당연한 일이었다. 하지만 그 당연함이 누군가에게는 전혀 당연하지 않을 수도 있다는 사실이 조금 혼란스러웠다.

   나는 좋은 팀리더가 되고 싶었다. 일도 잘하고, 인간관계도 잘 유지하고 싶었다. 모두가 기분 좋게 일할 수 있는 분위기를 만들고 싶었기에, 동료의 의견도 많이 들어주려 했다. 일반 근로자였을 때는 업무 중간에 쉴 시간이 있었지만, 이제는 그럴 시간도 없이 발에 불이 나도록 넓은 현장을 걸어 다니며 업무를 도왔다. 종종 혼자 감당하기 벅찰 때도 있었지만, 많은 일을 도맡아서 뛰어다니며 해결했다. 하지만 내가 원했던 모두가 기분 좋은 일터는 실현할 수 없는 것만 같았다. 시간이 갈수록 팀의 인원은 많아졌고, 자잘한 불평도 그만큼 많아졌다. 한

번은 상사의 전달 사항을 전한 나에게 공격적으로 다가와 화를 내던 풍채 커다란 프랑스 남자애가 있었다. 짧은 말싸움 후에 자리를 뜬 나에게 한 동료가 다가와 말했다. 네가 덩치 큰 남자였으면 쟤네가 이렇게 무시했을 거 같냐고. 자기가 보기엔 네가 작은 여자애여서 무시하고 함부로 대하는 거라 말했다. 그 말을 듣고 나니 더더욱 얕보이고 싶지 않았다. 무시당하고 싶지 않았다. 나는 괜찮지 않았지만 괜찮아야 했다. 그래서 더 애써 아무렇지 않은 척 했다.

다행히도 시간이 지나고 업무에 적응해 팀의 체계가 잡히고 루틴이 생기자, 처음에 폭풍처럼 몰아쳤던 스트레스 없이 일을 할 수 있게 되었다. 또한 현실의 삶을 위해 잠시 유튜브를 3개월 정도 쉬면서 나를 돌아볼 시간을 가졌다. 팀원을 집으로 초대해 한국 음식을 소개해 주기도 하고, 오페어로 함께 지냈던 호주 가족도 다시 찾았다. 유치원에 다니던 할리는 초등학생이 되어 있었고, 나와 함께 알파벳을 배우던 프란체스카는 이젠 스스로 문자 메시지를 보낼 정도로 자라 있었다. 아이들의 성장이 내게 말해줬다. 나 역시 그만큼의 시간을 버티고, 자라왔다는 것을.

그렇게 몇 달을 일하다 보니, 크리스마스가 다가왔고, 건설 프로젝트도 막바지에 가까워졌다. 어떤 이는 긴 크리스마스 휴가를 떠나겠다며 일을 그만두었고, 어떤 이는 인력 물갈이 대상이 되어 해고되었다. 크리스마스 휴가를 마치고 돌아온 현장에는 정말 열심히 일했던 동료와 남은 업무를 끝내기 위해 새로 들어온 동료가 있었다. 말 많고 탈 많던 대규모 팀에서 작지만 화목한 소규모 팀으로 돌아와 건설 프로젝트를 마무리했다.

  건설 현장에서 제일 어린 동양인 여자 팀리더로 살아남는다는 건, 내가 가진 체력과 책임감을 총동원해야 하는 일이었다. 때로는 무시를 견뎌야 했고, 때로는 불합리와 타협해야 했으며, 때로는 지쳐 울기도 했다. 하지만 그 모든 갈등과 오해 속에서 다른 이들을 이해하고 함께하는 법을 배웠다. 나를 대신해 싸워줄 사람은 없기에 목소리를 잃지 않으면서도 협력해 좋은 팀을 이끄는 법을 익혔다. 호주 워킹홀리데이 동안 가장 오래 근무했던 그곳은, 내 유학 자금을 모아준, 내 워홀의 마지막 챕터를 장식한 현장이었다.

호주 워홀이
내 인생에
남긴 것들

나에게 호주 워킹홀리데이는 꿈이었다. 고등학생 때부터 간절히 바라왔던 꿈. 그래서였을까, 호주에서의 모든 순간은 지금 돌아봐도 아득하고 아름다운 시간으로 남아 있다. 할 줄 아는 것도 없이 무작정 부딪혔던 그 용기가 가상해서 웃음이 난다. 낯선 이국땅에서, 무엇이 되었든 목표 하나 정해놓고 달려본 경험은 나를 단단하게 만들었다. 호주 워홀은 단순한 여행이 아닌, 다음 꿈을 향해 나아갈 힘을 길러준 인생의 한 챕터였다. 익숙했던 작은 세상에서 벗어나, 무너지지 않기 위해 오롯이 부단하게 버텨내던 시간. 나의 새로운 모습을 마주할 수 있었던 시간. 앞으로 어떤 일이 닥치더라도, 충분히 잘 살아갈 수 있을 거라는 강한 자기 확신이 생긴 시간이었다. 나에게 호주 워킹홀리데이는 독립이었다.

호주 워홀 관련 인터뷰를 받은 적이 있다. 대부분 긍정적인 나의 답변에 인터뷰어는 혹시 힘들었거나 부정적인 경험은 없었냐고 물었다. 너무 긍정적인 이야기만 하면 사람들이 이야기를 잘 믿지 않을 수 있기 때문이라고 했다. 그 질문을 듣고 나에게 있었던 부정적인 경험이 뭐가 있었을까 곰곰이 생각해 보았다. 몸이 고되거나 마음이 힘들었던 일이야 수없이 많았다. 하지만 그런 시간을 거쳐 온 덕에 성취가 더 뜻깊었고, 스스로가 더 대견했고, 지금 상황에 더 감사함을 느낄 수 있었던 것이기에 내게 일어났던 일은 모두 긍정적인 경험으로 남아있다. 그래서 답했다. 부정적인 경험은 떠오르지 않는다고.

지인이 물었다. 주 6일씩 일하면, 사실상 일 말고는 아무것도 못 한 게 아니냐고. 휴가 갈 시간도 많이 없었을 텐데, 그럼에도 워킹홀리데이가 가치 있었냐고. 나는 가치 있었다고 답했다. 새로운 사람들을 만나서 그들의 이야기를 듣고, 내 시야를 넓힐 수 있던 게 좋았다고. 가끔 여행도 다녔고, 무엇보다 스스로 성장한 게 많이 느껴져서 좋았다고 했다. 하지만 그의 표정은 여전히 떨떠름했다. 답변이 시원치 않다는 걸 알고 있었다. 하지만 책 한 권 분량의 경험과 배움을 그 자리에서 읊어낼 수도 없는 노릇이었다.

'일 끝나고 영어 공부했어'라는 말 한 마디에는 하루 종일 일하며 지친 몸을 이끌고도 자리에 앉는 결단력, 영어를 더 잘하고 싶다는 간절함, 자투리 시간을 쪼개 계획을 짜는 치열함, 언젠가 이루고 싶은 목표를 이루겠다는 열정이 담겨있다. 하지만, 이 노력은 겉으로 잘 드러나지 않는다. 결국 얼마나 열심히 살았는지는 나 자신만이 제대로 알고 있는 것이기에 내 노력은 내가 인정해 주는 것으로 충분하다. 그게 다 자기효능감으로, 자기 확신으로 연결되어서 내 자존감 지킴이가 되어줄 테니까.

 우리에게 주어진 환경은 쉽게 바뀌지 않는다. 그렇다고 그 환경에 대해 불평한다고 해서 바뀌는 것도 딱히 없다. 우리가 할 수 있는 것은, 지금 처한 환경에서 어떻게 하면 원하는 최선의 바를 끌어낼 수 있는가를 고민하고 거기에 노력을 쏟는 것이다. 못 할 이유를 찾는 게 아니라 할 수 있는 이유를 찾아다녀야 한다. 원하는 것에 대한 '불가능한 이유 리스트' 대신 '가능한 이유 리스트'를 만들어보자. 그리고 그것에 진심을 다해보자. 설령 그 노력이 당장의 결실을 맺지 못하더라도 좌절할 필요는 없다. 그 과정을 겪으며 더 성장했을 테고, 언젠가 분명히 다른 곳에서 빛을 발할 테니까.

 그래서 호주 워킹홀리데이를 추천하는지 묻는다면, 나는 당연히 추천한다. 하지만 몇 가지 전제가 있다.

첫째, 영어 실력을 최소 중하급 레벨까지는 만들고 오자. 호주 워킹홀리데이의 만족도는 영어 실력에 비례한다. 영어를 못한다고 해서 호주 워홀을 못 오는 것은 아니지만, 놓치는 기회비용이 크다. 해외 생활의 기본은 현지 사람과의 의사소통이다. 영어 쓸 상황을 피하기 시작하면, 굳이 비행기까지 타고 새로운 세상에 나온 의미가 없어진다. 내 언어 실력으로 인해 부끄럽고 자존심이 상하는 상황도 마주하게 될 것이다. 하지만 그것은 언어를 배우는 과정에서 꼭 필요하다. 하고 싶은 말은 내뱉고 싶은 답답함이 쌓여야만 입이 열리고, 그 경험이 쌓여야 나 자신도 지킬 수 있다.

호주에 온 첫 달, 은행 문제를 해결하기 위해 전화를 걸어야 했던 적이 있다. 전화 영어가 익숙하지 않아 상담원의 말을 잘 이해하지 못할까 봐 두려움에 떨었던 기억이 난다. 결국 못 알아들은 부분을 여러 번 되묻느라 상담원의 한숨 소리까지 들어야 했지만, 눈앞에 닥친 일을 해결하려면 그 창피함 따위는 아무것도 아니었다. 한국에서 영어 공부 인풋을 쌓은 상태로 왔기 때문에 호주에서 실전 아웃풋을 쏟아내며 영어 실력을 단기간에 가파르게 성장시킬 수 있었다. 그렇게 스스로 영어로 된 정보를 찾아내는 게 빨라지면 상대적으로 좋은 일자리도 금방 찾고, 외국인 친구도 생겨 영어는 더 향상되며, 호주도 제대로 경험할 수 있다.

한국인에게 워킹홀리데이 비자는 몇 가지 절차만 거치면 제한 없이 아주 쉽게 나오는 비자이기 때문에 많이들 그 가치를 낮게 평가한다. 하지만 그건 한국이기에 가능한 이야기이다. 몇몇 국가에서는 호주 워킹홀리데이 비자를 받기 위해 2년 이상의 전문 교육 과정을 졸업해야 하며, 영어 시험 점수까지 제출해야 한다. 그러니 다른 나라에서 공부하고 일하며 살아볼 수 있는 관대하고 자유로운 이 특권을 백번 잘 이용하자.

둘째, 초기 자금은 꼭 스스로 모아서 오자. 내가 하고 싶은 일을 위해 직접 돈을 모으는 경험이 필요하다. 특히 사회 경험이 없다면 한국에서 아르바이트하면서 사회 경험과 눈치도 좀 길러두자. 이는 단순히 자금 준비만을 위한 것이 아니다. 원하는 걸 이루기 위해 어떤 노력을 기울일 수 있는지 경험해 보고, 그 과정에서 사람들과 부딪히며, 이리저리 깨져보기도 해야 타지에서 살아가는 기본 체력이 단련된다. 현실에 부딪혀 수백 번쯤 주저앉을 것 같을지라도, 더 열심히 발품 팔아가며 살아 나갈 힘이 필요하다.

한 구독자가 호주 워킹홀리데이 영상을 인상 깊게 보았다며,

우리 아들도 이렇게 진취적인 아이가 되었으면 좋겠는데 천만 원 정도 주고 워홀을 보내는 게 괜찮을지 물어보셨다. 그건 스스로 부딪히고 깨지면서 배우는 워홀이 아니라 그냥 관광에 더 가까울 거라고 답변드렸다. 워킹홀리데이는 누가 등 떠밀어서 가는 여정이 아니다.

셋째, 대략적인 플랜 A, B, C를 준비하고 오자. 궁극적 목표가 유학이든, 영주권이든, 혹은 그저 '인생의 쉼표'든 간에, 이 시간을 앞으로 어떻게 연결할지를 생각해 보자. 반드시 정답을 정해놓으라는 말은 아니다. 다만 큰 그림 하나쯤은 그려놓는 것이 좋다. 그래야 새로운 사람을 만나고, 경험이 쌓이며 생각이 바뀔 때도 방향을 유연하게 조정할 수 있다.

모든 것이 완벽하게 갖춰진 순간은 오지 않는다. 그럼에도 그때그때, 다가오는 순간마다 제일 나은 선택을 반복하는 것이 삶이다. 아픔이 있어야 치유가 있고 좌절이 있어야 성장이 있듯이, 낯선 땅에서의 도전은 당신에게 혼란과 질문, 고독을 안겨줄 것이다. 하지만 그와 동시에 방향성과 깨달음, 자립심도 선물로 줄 것이다. 그렇기에 모든 도전과 아픔은 단연코 쓸데없는 경험이 아니다.

"나중에 인생을 돌아볼 때, '젠장, 해 보기라도 할 걸' 이라고 말하는 것보다는 '세상에, 내가 그런 짓도 해봤다니'라고 말하는 편이 낫다." - 루실 볼_{Lucille Ball}

3부 내가 가야 할 길은 내가 정해

한국으로 치면
삼수,
아니 사수

워킹홀리데이를 마치고 한국으로 돌아오니 지난 3년이 마치 꿈처럼 느껴졌다. 캐리어 하나 들고 한국을 떠나 눈앞에 닥친 생존에 집중하느라 뒤를 돌아볼 여유가 없었던 탓이다. 오랜만에 방문한 한국은 마치 임시 베이스캠프처럼 느껴졌다. 이곳의 모든 것이 익숙하면서도, 어딘가 모르게 낯선 느낌이 들었다. 호주 워킹홀리데이 전에는 호주로 '출국'한다고 말했지만, 이제는 자연스레 호주로 '귀국'할 거라고 말하는 내 자신을 보며 나의 본거지는 더 이상 한국이 아닌 호주가 되었음을 깨달았다. 이십 대 초반부터 쌓아온 나의 기반은 한국이 아닌 호주에 세워져 있었기 때문일 것이다.

　호주 워킹홀리데이의 끝이 다가오면서부터 스페인 어학연수와 호주 유학을 동시에 계획하고 있었다. 두 선택지 모두 비자와 학교 준비에 긴 시간이 필요했고, 시기상 어느 걸 먼저 선택하는 게 맞을지가 고민이었다. 그렇게 2023년 하반기 스페인 어학연수와 2024년 상반기 호주 유학을 동시에 준비했다.

스페인어 어학연수를 계획했던 이유는 다음과 같다. 워킹홀리데이가 끝나기 몇 개월 전에 남미와 스페인 출신의 동료와 함께 일하며 스페인어에 큰 재미를 붙였다. 언어 하나를 배우기 시작한 김에 제대로 습득하고자 그 길로 아예 스페인 어학연수까지 알아봤다. 워킹홀리데이를 끝낸 시점이 2023년 3월, 호주에서 유학을 시작하면 졸업하는 데만 3년 그리고 그 이후 취업 시기까지 고려하면 앞으로 최소 5년간은 스페인살이는 어림도 없으리라는 것을 알았기 때문이다. 스페인 어느 지역이 살기 좋은 편인지, 어학원은 어디가 괜찮은지 꼼꼼히 찾아봤다. 어학연수 관련 센터에 연락해 비자 준비 도움을 받았으며, 대략적인 출국 날을 계산해 두고 한국에서 매일 네 시간씩 스페인어 공부를 하며 시간을 보냈다. 영어라는 언어를 공부하는데 이미 온갖 방법을 시도해 봤기에 나에게 맞는 공부 방법이 무엇인지 알았고, 새로운 언어 공부도 그리 어렵게 느껴지지 않았다.

호주 유학 준비 과정은 다음과 같았다. 유학원에 상담을 받아보니 영어 실력을 입증하는 공인 영어 시험 점수와 고등학교 내신 성적표가 필요했다. 3주간의 영어 시험 준비를 통해 필요한 서류를 제출했고, 고등학교 내신 성적표도 문제없이 받아들여졌다. 이제는 공부할 학과를 고를 차례였다. 나에게는 간호학 학사 Bachelor of Nursing 또는 정보기술학 학사 Bachelor of Information Technology 두 가지 옵션이 있었다. 영주권을 최우선으로 생각해 호주 부족 직업군 리스트에 있는 두 학사 과정을 고려했다. 간호 과정은 유학을 통해 영주권을 받을 수 있는 루트 중 가장 성공률이 높은 루트이다. 급여도 높고, 일과 삶의 균형도 좋은 편이며, 호주에서 간호사라고 하면 인정해 주는 사회 분위기도 있다. 그러나 나는 징그러운 상처에 대한 비위가 약했기 때문에, 이 일이 적성에 맞지 않는다면 공부하는 과정이 너무 괴로울 것 같았다. 반면 컴퓨터 앞에서 종일 앉아 있어야 하는 IT 학과 같은 경우에는, 지난 몇 년간 컴퓨터 앞에 앉아 키보드를 두드리며 영상 편집을 했기에 꽤 잘 맞을 수 있는 전공이라고 생각했다.

고민 끝에 IT 학과로 원서를 제출했다. 며칠이 지나 유학원으로부터 연락을 받았다. 대학교 입학처에서 내가 왜 고등학교 과정을 끝내고 4년이 지나서야 대학에 지원했는지에 대해 설명하는 레터를 요구했다. 나는 몇 장의 사진과 호주에서 보낸 3년간의 세월을 레터로 작성해 전달했다. 입학처에서는 레터를 보고 2024년에 시작하는 IT 학과 입학을 허락해 주었다. 하지만 나는 IT 학과 입학 허가를 받은 와중에도 영주권의 확실성을 위해서 간호학과를 선택하는 게 나았을까에 대해 지속적으로 고민했다. 영주권에 대한 확실성은 IT보다 간호가 높았기 때문이다. 그래서 주변에 호주 간호에 대한 경험이 있는 모든 사람에게 연락해 조언을 구했고, 유튜브 채널 '개리쓰 호주 생존기'를 운영하는 개리쓰와 간호사 그레이스 언니를 직접 만나 이야기를 나눈 후 결정을 바꿨다.

"힘든 일이어도 하다 보면 다 하게 돼요."

워킹홀리데이 동안 힘든 일도 열심히 해냈던 내 모습이 생각나 간호사의 일도 잘 해낼 것 같다는 자신감이 생겼다.

간호학과 마감이 얼마 남지 않은 상황에서 IT학과 입학을 거절하고 간호학과로 다시 지원하게 되었다. 며칠 지나지 않아 간호학과 입학이 허용되었고, 영어 성적이 좋아 학교에서 영어 관련 수업을 면제받을 수 있다는 소식을 유학원으로부터 전해 들었다. 게다가 당장 다음 달에 시작하는 2학기에 입학하더라도, 1학년 때 들어야 할 과목은 모두 수강할 수 있다고 했다. 호주 유학 및 이민법도 빠르게 바뀌고 있으니 가능한 한 빨리 시작하는 게 더 안전할 것이라며 스페인 어학연수를 취소하고 바로 공부를 시작하는 게 낫지 않겠냐는 조언을 받았다. 이번 연도 학생 등록의 마지막 기회라며 지금 바로 결정을 내려야 한다는 말을 듣고 생각에 잠겼다. 서둘러 결정을 내려야 하는 이 시점에서, 나에게 더 중요한 가치는 스페인살이가 아니라 영주권이었다. 결국 호주 유학을 시작하기로 마음을 굳혔다. 곧장 스페인 어학연수 비용을 환불받고, 호주행 항공권을 끊었다. 그렇게 나는 한국으로 치면 사수, 무려 4년의 세월을 돌아 호주 대학교에 입학하게 되었다.

호주 간호 대학
3년 몰아보기

호주의 많은 대학 중 내가 갈 곳을 찾는 기준은 다음과 같았다. 먼저 지역을 선택했다. 워킹홀리데이 동안 3년을 보낸 퀸즐랜드가 너무 좋아서 이 주를 떠날 생각은 없었다. 그럼, 퀸즐랜드 어느 지역에서 공부하는 게 좋을까? 호주에서는 인구 저밀도 지역에서 공부하면 영주권 신청 시 필요한 포인트 추가 5점을 주기 때문에 인구 저밀도 지역을 고려했다. 퀸즐랜드 북단으로 갈수록 덥고 습한 열대 기후이기 때문에, 메인 도시 브리즈번 주변으로 찾아봤다. 나는 워킹홀리데이 동안 내륙 지역에서 주로 살았기 때문에 공부는 무조건 해안가 도시에서 하고 싶었다. 브리즈번 도시를 기준으로 위쪽에 있는 선샤인 코스트는 아름다운 해변과 자연이 가득하지만 규모가 너무 작다는 생각이 들었다. 브리즈번 아래에 있는 골드코스트는 아름다운 해변과 더불어 적당한 인프라도 있어 유학 생활을 하기 좋을 것 같아 이곳을 선택했다.

골드코스트에 있는 여러 대학 중 그리피스대학교를 선택했다. 그리피스대학교는 골드코스트에서 가장 큰 호주 공립대학이며, 호주 내 간호사·조산사 분야 교육에서 순위가 높은 교육기관인 것도 맘에 들었다. 나는 그리피스대학교 University에 들어가기 위해 대학교 옆에 붙어있는 그리피스 컬리지 college 과정을 거쳐 편입하는 방법을 선택했다. 1학년은 컬리지에서 마치고, 2학년 때 그리피스대학교로 편입해 학사 과정을 딸 수 있는 루트다. 교육 과정 자체는 그리피스대학교와 동일하지만, 수업이 대학보다 훨씬 소규모로 이루어져 호주의 교육 환경과 대학 시스템에 적응하기 좋다는 장점이 있다. 그래서인지 컬리지 재학생의 대부분이 국제 학생이었고, 교수님도 국제 학생을 상대하는 데 더 익숙했다.

[간호 1학년]

    간호 1학년은 기초를 다지는 시간이었다. 1학년 때 듣는 과목은 전문 간호학 기초, 심리 사회 발달 수업, 인체 해부생리학, 커뮤니케이션 수업, 간호 실무 수업 등이 있다. 간호사로서 알맞은 마음가짐과 소통 방식, 인간 신체 및 생애에 대한 지식을 배우고, 실전에서 사용할 간호 스킬을 익히며 간호사의 기초를 쌓아가는 과정이다.

유학을 시작했다는 설렘도 잠시, 처음 겪는 교육 시스템에 적응하는 데 많은 시간이 필요했다. 나는 문제와 답이 정해져 있고, 암기한 내용을 그대로 대답하는 교육 방식에 익숙했다. 그런데 호주에서는 답이 정해져 있더라도, 수업 중 토론과 대화를 통해 그 답을 스스로 도출하는 과정을 거쳤다. 처음에는 이런 방식이 비효율적으로 느껴지기도 했다. 어차피 답은 정해져 있는데, 왜 굳이 거기에 관해서 대화하라는 걸까. 돌아보니, 이런 수업 방식은 단순한 대화 연습이 아니었다. 사소한 생각이라도 계속 말하게 하는 훈련이었고, 결국 이는 의사소통이 안전과 직결되는 헬스케어 분야에서 의견을 적극적으로 표현할 수 있게 하기 위한 반복 훈련이었다.

나는 극심한 부상이나 수술 자국 같은 건 징그러워서 잘 못 보는 사람이라고 생각했다. 그게 간호사의 길을 선택하길 주저했던 이유이기도 하다. 실제로 간호 공부를 시작하고, 자료를 통해 온갖 부상, 상처, 질병의 예시 사진과 영상을 접했다. 하지만 어느새 나의 관점은 의료인의 관점으로 변해갔고, 걱정은 사그라들었다. 그저 '피와 고름이 징그러운 무언가'가 아니라 '피부 상태를 단계별로 나눠봤을 때 현재 상태는 몇 단계 정도에 있으며, 이것을 치료하기 위해선 어떠한 것을 제공하고 의료팀에 어떤 협업을 요청해야 한다'로 생각의 흐름이 바뀐 것이다.

영어가 모국어가 아니어서 겪는 어려움도 있었다. 고등학교 때 이과였고, 생명과학을 좋아했기에 해부생리학 공부는 어렵지 않을 것이라 생각했다. 하지만 모든 배경 지식이 한국어로만 자리 잡혀 있었던 탓에 영어로 된 강의 자료를 보면 분명 아는 내용인 거 같은데 죄다 낯선 단어라 이해가 더뎠다. 그래서 예습 없이는 수업에 들어가지 않았다. 미리 제공되는 온라인 강의를 여러 번 반복시청하며 예습했고, 오프라인 수업을 듣고도 이해가 되지 않는 부분은 교수님께 양해를 구하고 같은 수업을 다시 한 번 들었다. 수업시간에는 적극적으로 교수님께 질문했고, 집에 와서는 유튜브 강의와 구글 검색으로 보충학습을 이어갔다.

[간호 2학년]

간호 2학년은 실전에 부딪히는 시간이었다. 학기 시작 전에 실습 하나, 학기 중에 실습을 세 번이나 나가야 하는 데다 과제와 시험까지 가장 많은 학년이라 모든 학생이 입 모아 말하는 '제일 힘든 시기'였다. 1학년 때 해부생리학으로 기초를 쌓았다면, 이제는 병태생리학을 배우며 질병의 원인과 증상, 질병과 관련된 약물의 작용까지 깊이 배워나갔다. 정맥 주사용 약물을 다루는 법부터 다양한 의료 시나리오에 대처하는 법을 익히고, 호주 의료 관련 법률도 배운다.

첫 번째로 나간 요양원 간호 실습에서 나는 생각보다 간호에 잘 맞는 사람이라는 것을 알 수 있었다. 처음으로 누군가의 도움 없이는 살아갈 수 없는 분들을 만났고, 가까운 곳에서 죽음을 보았고, 요양보호사의 조건 없는 사랑도 보았다. 누군가를 돌본다는 것이 육체적으로는 힘든 일이었지만, 일상을 지속하는 데 꼭 필요한 도움을 주는 사람이 된다는 점에서 간호의 가치를 느낄 수 있다. 그 이후에는 골드코스트에 있는 공립 병원과 사립 병원에서의 실습을 거치며 간호사라는 직업에 대한 확신을 가지게 되었다. 병원에서는 응급 상황이 생겼을 때 의료진이 Medical Emergency Call, 줄여서 MET Call 버튼을 누르면 병동 전체에 응급 알림이 울리게 되는데, 이 소리를 들은 모든 의료진은 하던 것을 멈추고 한 사람을 살리기 위해 달려간다. 한 생명을 살리기 위해 헌신하는 의료진의 모습은 경이롭게 보였고, 나에게 큰 울림을 주었다.

호주의 정식 간호사 Registered Nurse가 되기 위한 아프라 AHPRA: Australian Health Practitioner Regulation Agency 등록 시에 동의해야 하는

항목 중 하나가 바로 '학생을 교육할 의무'이다. 실습 감독관이나 병원에서 만난 많은 간호사는 학생에게 제대로 가르쳐 주지 않으려는 태도를 가진 간호사가 있다면, 그것은 학생의 잘못이 아니라 가르칠 의무를 다하지 않고 있는 그 간호사의 잘못이니 주눅 들지 말고, 네가 배우고 싶은 것이 있으면 일단 먼저 물어보고 기회를 찾아야 한다고 했다.

  실습을 나가면 그날 나를 가르쳐줄 '버디 간호사'를 만나게 된다. 쉬는 시간도 동시에 가지며 업무를 어떻게 처리하는지 종일 껌딱지처럼 붙어 배운다. 나 역시 바쁜 업무 시간에는 학생 간호사로서 혈압을 잰다거나 환자의 호출에 응답하는 등 독립적으로 할 수 있는 범위 내에서 버디 간호의 업무를 도왔다. 그러다 조금 여유로워지면 폭풍 질문을 했다. 그날 배정된 버디 간호사가 아니더라도 병동에서 보고 싶거나 배우고 싶은 과정이 생기면 담당 간호사에게 다가가 여쭤보고 관찰했다. 거의 매일 실습 감독관이 찾아와 오늘은 어떤 걸 배웠는지, 환자의 건강 상태에 대해서 잘 이해하고 있는지에 대해 체크했기 때문에 배운 것을 받아 적어 증거처럼 내보이며 설명을 덧붙여야 실습 평가에서 높은 점수를 받을 수 있다. 실습을 하나둘씩 마무리하고, 끝없는 과제를 제출하고, 시험을 보다 보면, 어느덧 끝나지 않을 것만 같던 2학년도 지나간다.

2학년 1학기를 마치고 헬스케어 분야 두 곳에서 근무를 시작했다. 첫 번째로 합격한 곳은 사립 요양원에서 요양 보호사와 같은 일을 하는 AIN Assistant In Nursing이었다. 처음에는 시간제로 시작해 주에 정해진 날에 일을 나갔지만, 학교 일정이 겹쳐 비정규직인 캐주얼로 고용 형태 변경을 신청했다. 캐주얼로 고용되면 요양원 인력 관리 앱에서 원하는 날을 선택해 근무 할 수 있어 시간 관리에 용이했다. 두 번째로 합격한 곳은 골드코스트에 있는 공립 병원이었다. 간호 학생을 더 준비된 간호사로 키워내고자 몇 년 전부터 시작된 유신 USIN: Undergraduate Student In Nursing이라는 직군이 있다. 일반 AIN보다는 조금 더 업무 범위가 넓어 간호사의 업무를 더 다양하게 보조하게 된다. 유신은 주로 단 한 명의 환자를 맡아 집중적인 상태 모니터링과 케어를 제공해 업무 강도도 요양원보다 훨씬 낮다. 일정 기간 이상 유신 근무를 하면 병원에 신규 간호사를 지원할 때 서류 심사는 자동 통과였기에 공립 병원 취업을 원한다면 얻을 수 있는 장점이 많다.

[간호 3학년]

간호 3학년은 절반이 실습, 절반이 취업 준비였다. 호주는 따로 간호 국가고시 시험 없이 간호 학사를 졸업하면 면허가 나오기 때문에 이때부터 슬슬 취업 준비를 시작한다. 호주는 주마다 신규 간호사 신청을 받는 달이 2월부터 8월까지 다 달라서 때에 맞춰 이력서를 준비하고, 병원의 온라인 지원 시기를 확인해야 하며, 2학년부터 간호사의 레퍼런스를 차근차근 모아 놓는 게 중요하다.

레퍼런스는 호주 취업 시장에서 필수적인 요소이다. 취업을 위해 지원서를 낼 때 이전에 일했거나 봉사했던 곳의 상사 번호 및 이메일을 제출하면 실제로 연락을 취해 내가 어떤 사람인지, 일할 때 문제는 없었는지 묻거나 질문지를 전송해 답변을 채워 넣어달라고 요구하기도 한다. 누군가의 레퍼리가 되어준다는 것은 그만큼 시간과 노력이 들어가는 일이기에, 실습 중에 최선을 다해 버디 간호사 혹은 실습 감독관에게 좋은 인상을 남긴 후 레퍼리가 되어줄 수 있는지 물어보고 휴대전화 번호와 이메일을 받아놓는 게 좋다. 실습이 끝나고 취업 시기가 되어서 연락해도 답장이 돌아오지 않을 수 있으니, 여러 명을 모아두는 게 유리하다.

이쯤되면 과제는 이제 손쉽게 휙휙 처리할 수 있다. 진짜 힘든 건 3학년의 꽃, 총 세 달간의 무급 실습이다. 2주짜리 실습 두 번, 4주짜리 실습 두 번이 배정되고, 원한다면 응급실·중환자실·수술실·소아과·교도소·시골 지역·해외 실습 등 다양한 실습지 중 가고 싶은 곳을 따로 신청할 수 있다. 나 역시 중환자실과 수술실을 신청해 원하던 경험을 할 수 있었다.

  2학년부터 요양원과 병원에서 근무를 해왔기에 실습이 진행되는 주중에도 주말엔 일을 나가 생활비를 벌 수 있었다. 하지만 그것만으로 끝이 아니었다. 졸업 후 신규 간호사로 일하기 위해 여러 병원에 지원서를 내고, 과제를 제출하고, 인터뷰 준비를 하고, 학교 행사와 유튜브 편집까지 병행했다. 3학년은 '정말 내가 이걸 다 해낼 수 있을까?' 하는 불안과 싸운 시기였다. 그렇게 정신없이 눈앞에 닥친 것을 해내다 보면 졸업식이 눈앞에 다가오며, 끝나지 않을 것만 같던 터널 끝에 빛이 보이기 시작한다.

  침대 머리맡, 테이프로 종이 위에 붙여놓은 빛바랜 작은 새싹이 있다. 1학년, 과제에 치여 숨이 막힐 듯 힘들어 바깥바람을 쐬러 뒷마당으로 나갔을 때 벽돌 틈 사이에서 자라난 새싹을 보았다. 어떻게든 두꺼운 벽을 뚫고 나온 새싹을 보며 동질감을 느꼈다. 너희도 이 두꺼운 벽을 뚫고 나오느라 참 힘들었겠다. 그럼에도 결국 뚫고 나와 새싹을 피워냈구나. 그중 하나를 집에 가져와 종이에 붙여 두며, 나도 너희처럼 잘 버텨봐야겠다고 다짐했다.

온실 속 화초보다 절벽 사이를 비집고 자라난 들꽃이 더 멋지다고 생각한다. 비바람에 수없이 흔들려도 그 자리에 서 있는 자만이 볼 수 있는 풍경이 있으니까. 내 삶에 휘몰아치는 어려움도 결국 나를 그 들꽃처럼 더 단단히 피어나게 하기 위한 과정임을 안다.

내 인생을
기록하는
최고의 방법

호주에 와서 가장 잘한 선택 중 하나는 유튜브를 시작한 것이다. 고등학생 때부터 워킹홀리데이 및 유학 중인 사람의 영상을 보며 많은 도움을 받았기에 나 또한 유튜브를 통해 많은 사람과 경험을 나누고 싶다고 생각했다. 한국을 떠나기 전 중고 카메라를 하나 구매해 호주행 비행기 안에서부터 영상을 기록했다. 하지만 길거리에서 카메라를 쳐다보고 말하는 것이 너무 민망했다. 사람 없는 골목을 찾아 들어가 카메라에 대고 얘기를 해보려다가도 누구라도 지나가면 언제 그랬냐는 듯 카메라를 숨겨버렸다.

　코로나로 인해 우연히 호주 집에서 오페어 일을 시작하면서부터 본격적으로 유튜브를 시작하게 되었다. 귀여운 호주 아이들과의 일상과 맑고 투명한 하늘까지 호주다움을 담기에 이보다 더 완벽한 환경은 없었다. 여전히 누군가의 앞에서 영상을 찍고 말하는 것이 민망해 영상에 내레이션을 덧붙이는 방식을 택했다. 영상을 만드는 김에 영어 공부도 함께 하고 싶어 한국어 대신 영어로 대본을 준비했다. 당시에는 채팅형 인공지능이 없었기 때문에 직접 문장을 영작하고, 모르는 단어를 찾아보고, 호스트 부모님께 문법 검사를 받은 뒤 자연스럽게 읽을 수 있을 만큼 연습을 반복한 후에야 방 안에 앉아 녹음을 진행했다.

유튜브 편집은 정말 즐거웠다. 나의 감성이 잔뜩 들어간 영상이 하나하나 완성될 때마다 뿌듯했고, 영상 만드는 재미에 빠져 매주 혹은 이 주에 한 번씩 꾸준히 영상 업로드를 이어갔다. 주제를 선정해 이야기를 풀어나가고, 영상에 맞는 대본을 작성해 내레이션을 녹음하고, 배경 음악을 깔았다. 제작에 많은 시간을 할애했지만, '나만의 인생 다큐멘터리'가 생긴 것 같은 기분이 들어 즐거웠다. 점점 쌓여가는 나의 기억과 장면들, 그리고 구독자와의 소통은 호주 생활의 일부가 되어갔다.

유튜브 운영을 통해 나에게 일어나는 일을 매번 의식적으로 성찰하는 법을 배웠다. 영상을 만들기 위해 내 일상은 어떤지 자주 돌아보아야 했기 때문이다. 나에게 생긴 특별한 일은 무엇인가? 이 경험을 통해 어떤 것이 인상 깊었는가? 무엇을 배웠고, 그로 인해 이전과 달라진 점이 있는가? 어려운 점은 어떻게 극복하고 어떤 점을 느꼈는가? 극복할 수 없었다면 이유는 무엇인가? 영상의 기승전결을 위해 나에게 생긴 모든 경험으로부터 배운 점을 끌어내는 것이 반복되었다. 그렇게 만들어진 영상은 일반적인 다이어리보다 모든 순간을 더 생생하게 보여주는 완벽한 비주얼 기억 창고가 되었다.

시간이 지나 과거에 만든 영상을 다시 보았을 때, 당시 고되게 느껴졌던 일도 결국 나의 성장에 도움이 되는 것이었다는 것을 깨달았다. 지금 겪는 어려움도, 결국 나를 성장으로 이끌어줄 것이고, 힘들었던 이 시간도 나중에는 낭만적인 한 때로 기억되리라는 것을 알게 되었다. 하지만 유튜브를 한다는 건 내 얼굴과 경험을 세상에 공개하는 일이었기에, 항상 긍정적인 경험만을 가져오진 않았다. 이유 없이 깎아내리려는 악플을 수도 없이 받았고, 영상에 단편적으로 담긴 내 생각과 경험에 오해를 받은 적도 있다. 누군가는 영상이 좋은 점만 보여줘서 환상을 심어준다며 비난했다. 누군가는 허락도 없이 회사 추천인에 다짜고짜 내 이름을 올려 황당한 연락을 받아본 적도 있다.

그럼에도 유튜브를 지속하는 이유는 분명하다. 단점보다 장점이 훨씬 크기 때문이다. 내 삶을 돌아보는 태도를 배운 것, 나만의 인생 다큐멘터리 시리즈를 가지게 된 것, 그리고 내가 기록해 온 여정이 인터넷 너머에 있는 누군가에게 긍정적인 영향을 줄 수 있다는 걸 알게 되었기 때문이다. 고등학생 시절, 내 주변엔 나와 같은 길을 선택한 사람이 없었다. 그래서 유튜브에서 나와 비슷한 길을 걷는 이의 영상을 보며 동기부여를 얻곤 했다. 그런데 이제는 내가 누군가에게 동기부여가 되어줄 수 있다는 것, 괜찮을 거라고 말해줄 수 있는 사람이 되었다. 영상을 보고 긍정적인 영향을 받았다는 감사 메시지나 댓글을 볼 때면 마음이 뭉클해진다. 앞으로도 내 인생을 기록하는 이 방식을 지속할 것이다.

내돈내산

유학 본전

최대한 뽑아먹는 법

"최대한 많이 얻어가자."

워킹홀리데이부터 유학까지, 나의 마음가짐은 한결같았다. 나는 간호대 1학년 2학기에 입학했기 때문에 1학년 교육 과정을 6개월 안에 몰아서 끝내야 했다. 거기다 일정 성적을 넘으면 장학금을 탈 수 있다는 말에 공부하느라 정신이 없었다. 온갖 스트레스를 받으며 열심히 했지만 끝내 학점 0.1점이 부족해 장학금 기회를 놓치고 말았다. 이럴 바에야 공부에 올인하기 보다는 다른 경험에 에너지를 투자하는 게 낫겠다고 생각했다. 2학년부터 다양한 학생 활동을 찾아보기 시작했고, 과제와 시험만 존재했던 유학 라이프에 변화가 생겼다.

우연히 소셜미디어 피드에 뜬 골드코스트 2024 시장 위촉 학생 대사 활동 Mayor's Student Ambassador 모집 공고를 보고 바로 신청서를 제출했다. 이 활동은 약자로 줄여 MSA라고 부르는데, 각국에서 온 학생과 몇 명의 호주 출신 친구까지 약 스무 명이 한 기수로 모여 골드코스트에서 최고의 경험을 할 수 있도록

시에서 지원하는 활동이다. 서류 전형과 그룹 면접을 통해 합격했고, 약 8개월의 활동 기간 중 한 달에 두세 번 정도 혼자였다면 절대 시도해 보지 못했을 여러 활동에 참여할 기회가 주어졌다. MSA에 프로그램에 참여한 친구들은 나처럼 성장 욕구가 강한 편이었다. 이 프로그램이 운영되는 이유 또한 학생들이 다양한 경험을 통해 골드코스트가 얼마나 살기 좋고 공부하고 좋은 도시인지 홍보할 수 있도록 하는 취지였기에 그 시너지는 대단했다. 이미 호주에 4년을 살았음에도 여전히 호주에 대해서 모르는 점이 많았고, 결국은 내가 이방인이라는 느낌이 남아 있었는데, MSA 프로그램은 나를 호주에 완전히 녹아들게 했다.

지역 봉사 단체와도 함께하며 지역 사회에 더욱 가까이 다가갈 수 있었다. 골드코스트에 교육 관련 박람회나 회담이 열릴 때면 국제 학생 목소리를 대변하는 입장으로 초대되었다. 호주에서 한국이라는 이름을 걸고 활동할 수 있다는 것이 작은 민간 외교관이 된 것 같아 뿌듯했다. 그 외 다양한 행사에 VIP로 초대받았다. 매번 후줄근 하게 입고 도서관을 가던 일상에 비즈니스 룩을 입어야 하는 이벤트가 생겨났다. 여러 곳을 방문하며 많은 사람을 만나다 보니, 더 다양한 기회에 눈을 뜰 수 있었다. 골드코스트 건강 관련 기술 산업 이벤트에 나온 스타트업 여성 CEO와의 대화가 기억에 남는다. 다양한 일을 많이 하는데 어떻게 이런 열정을 유지하는지 물었더니 열정은 유지하는 게 아니라 따라가는 거라고 말씀하셨다. 열정으로 눈이 반짝이는 사람은 그 모습이 마음속에 남는다. 이민자이기에 더 어렵고 고단한 과정이 있었을 텐데, 그 모든 것을 극복해 내가며 목표를 향해 달려가는 모습을 보니 어딘가 모르게 가슴이 뜨거워졌다. 나도 저런 사람이 되고 싶다고 생각했다. 내가 원하는 것과 재미를 느끼는 것은 무엇인지, 열정이 나를 어디로 이끄는지 세심하게 알아채고 따라갈 수 있는 그런 사람.

그렇게 1년간의 학생 대사 프로그램을 마무리하니 어느새 간호 대학 마지막 학년까지 올라갔다. 앞으로 1년, 학생으로 남아있을 마지막 시간이라는 사실에 그동안 들어가지 못했던 학교 활동에 더 열심히 참여했다. 기회를 놓쳐 후회하고 싶지 않았고, 작년에 졸업한 선배 중 외부 활동으로 이력서를 빵빵하게 채운 오빠가 여러 병원에 대거 합격했던 것을 봐서 외부 활동의 중요성도 알고 있었다. 다양한 경험도 해보고, 이력서도 채우는 일거양득이잖아.

3학년부터는 간호 학생 멘토링을 시작했다. 간호 실기 수업에 교수님 또는 튜터의 보조로 들어가거나 첫 실습을 나가기 전인 1학년 학생의 커뮤니케이션 수업에 들어가 환자복을 입고 환자 역할을 하며 어떤 식으로 환자에게 다가가야 하는지 익히는 것을 도왔다. 명목은 후배를 돕는 것이었지만, 알려주려면 복습도 확실히 해둬야 했기에 나에게도 좋은 복습의 기회였다.

그리피스 대학교의 메이트 활동도 등록했다. 메이트는 Making Arrivals and Transitions Easier for Students의 약자로, 말 그대로 대학에 들어온 학생의 적응을 돕는 역할을 하는 것에 큰 의의를 두며, 졸업할 때 학교 부총장으로부터 추천서를 받는 혜택도 있다. 학기 초에 연간 학교 계획을 전달받은 메이트 학생은 그중 자원하고 싶은 프로그램에 지원할 수 있다. 예를 들어, 시험 기간 동안 스트레스받았을 학생을 위해 도서관 앞 잔디로 동물 농장의 동물을 초대하는 이벤트에 지원한 적이 있었다. 울타리에 아기 양, 염소, 아기 돼지, 닭, 오리를 넣어두고, 정해진 인원수만 들어와서 규칙에 따라 동물을 살포시 쓰다듬는 이벤트다. 동물을 사랑하는 나라로 유명한 호주에서 아주 귀엽게, 하지만 확실하게 학생의 스트레스를 낮추는 기획이 인상 깊었다. 그외에도 코알라를 위해 나무를 심는 활동, 각 나라의 전통과 문화를 보여주는 국제 학생 이벤트에 스태프로 참가하는 등 재밌는 학교 생활을 이어나갔다.

다양한 학교 활동을 하다 보니 대학 국제 학생 담당 부서와 연이 닿을 일이 꽤 자주 있었는데, 내 호주 이야기를 지켜보던 국제 학생 담당 부서에서 홍보 대사가 되어달라고 연락을 해왔다. 이미 하고 있는 활동이 많아 고민했지만, 이것도 다 좋은 경험이겠다 싶어, 또 다시 예스를 외쳤다. 그 덕에 대학 학생 모델 일도 경험했고, 학교 관련 이벤트에도 초대되어 학생으로서의 시각을 나눌 수 있었다.

3학년이 절반쯤 지났을 때, 해외에 호주 교육 홍보를 전담하는 공식 정부 기관인 호주 무역위원회로부터 연락을 받았다. 이번 연도 호주 교육 홍보를 위해 각 주마다 국제 학생 한 명씩을 뽑고 있는데, 퀸즐랜드에서 간호로 유명한 그리피스 대학교가 선정되었고, 그리피스대학교에서 간호 학생으로 나를 추천한 덕이었다. 나는 당연하게도 퀸즐랜드 대표 유학생으로 선정되는 기회를 놓치지 않았다. 내 대학 목표였잖아. 최대한 많이 얻어가는 것. 멜버른에서 날아온 촬영팀과 촬영을 했고, Study Australia 웹사이트에도 유학생 인터뷰로 내 이야기가 올라갔다.

이 일은 나에게 매우 큰 의미였다. 5년 전, 이 땅에 연고 하나 없이 툭 떨어진 외국인 한 명에 불과했다. 호주에 온 지 3년이 지나 유학생이 되었으며, 4년 차에는 퀸즐랜드 정부의 마크가 박힌 유니폼을 입고 공립 병원에서 일을 시작했다. 신원불명 외국인으로 시작해서 주 정부를 위해 일하는 사람이 되니, 이 타국에서 내 존재를 정식적으로 증명받은 것 같았다. 그렇게 또다시 1년이 지나 호주 정부 공식 마크가 찍힌 메일로 '너의 호주 여정을 응원한다'라는 메시지를 받았다.

 이민자의 삶, 외국인의 삶은 늘 어딘가 증명해야만 하는 과정의 연속이었다. 언어도, 문화도, 학력도, 내가 어떤 사람인지도 늘 다시 입증해야만 했다. 그렇기에 호주 정부로부터 이 작은 외국인의 노력이 인정받았다는 사실은 그 어떤 칭찬보다 뜻깊은 경험이었다. 마치 내가 이곳에서도 충분히 잘 해낼 사람이라는 공인을 받은 것 같아 기뻤다. 최대한 많이 얻어가자 생각했던 마음가짐이 제대로 먹힌 것 같다.

기회와 번아웃 사이, 아슬한 줄다리기

고등학교 시절, 스스로에 대한 확신도 없는 상태에서 앞으로 몇 년을 투자할 대학 전공을 덜컥 선택하는 건 섣부른 판단이라 생각했다. 정말 하고 싶은 게 뭔지 확실히 알게 됐을 때 대학을 가자고 마음먹었고, 여기에 유학에 대한 꿈도 한 겹 더해져 한국 대신 호주에서의 삶을 선택했다. 하지만, 이 선택이 덜 열심히 살아도 된다는 핑계가 되지 않길 바랐다. 누군가는 한국의 치열한 입시가 두려워 도망가는 거 아니냐고 물었고, 인터넷에서는 워킹홀리데이가 시간 낭비에 불과하다는 말이 넘쳐났다. 그 말들에 대한 반발심과 동시에 시간 낭비가 아니라는 것을 보여주고 싶은 오기가 있었다. 이십 대를 정말 열심히 살겠다고 다짐했다.

　고등학교를 졸업하고 워킹홀리데이 동안에도 늘 생각했다. 지금 한국에 있는 또래 친구는 대학에서 새로운 것을 배우고, 과제를 하며 지식을 넓히고, 다양한 활동으로 견문을 쌓고 있으리라는 것을 의식했다. 워킹홀리데이를 하고 있다는 이유로, 혹은 해외에서 단순노동을 하고 있다는 이유로 그들보다 뒤처지고 싶지 않았다. 이 땅에서 보내는 시간이, 방황의 시간이 아니라 탐색의 시간으로 남길 원했다. 그러기 위해선 끊임없이 시도하고, 스스로를 발전시켜야 했다. '시간'이 그저 '돈과 맞바꿀 수 있는 무언가'로 남는 것은 원치 않았다. 돈은 있다가도 없고, 없다가도 있는 것이지만, 경험과 태도는 영원히 남는 것이니까.

돈을 버는 일이 메인 생활이라면 영어를 늘리고 유튜브를 지속하는 것이 나의 사이드 프로젝트였다. 온라인으로 친구들과 회화 연습을 했을 때는 같은 방을 쓰는 룸메이트에게 소리로 피해 가지 않도록 베란다에서 캐리어를 책상 삼아 공부했다. 하루 열두 시간씩 지게차를 타며 근무하던 때에도 근무 전후의 자투리 시간을 어떻게 쓰느냐가 곧 내가 이 시기를 가치 있게 보냈는가에 대한 평가의 척도가 되었기에 시간 관리에 목숨을 걸었다. 빨래나 요리는 무조건 일요일에 몰아서 하고 평일 퇴근 후에는 최대한의 시간을 사이드 프로젝트에 할애했다. 유튜브도 열심히 했다. 구독자와 댓글이 느는 재미, 그리고 채널이 커짐에 따라 다양한 곳으로부터 받는 협업 제안 덕에 채널 운영에 재미를 붙였다. 그리고 중소벤처기업진흥공단에서 진행했던 온라인 크리에이터 교육 과정까지 놓치지 않고 하루에 다섯 시간씩 자며 3개월을 참여해 대상과 상금까지 받았다. 사이드 프로젝트에서 성과가 나기 시작하니, 그 성취감이 재미있어 더 열심히 살고자 했다.

워킹홀리데이는 시간 낭비가 아니라는 것을 스스로 증명해 내갔다. 어디에서 어떻게 생활하느냐는 모두 개인의 결정에 달린 것이라는 것을 확실히 깨달았다. 유학을 시작하고도 여전히 사이드 프로젝트를 가지고 있었으며, 눈앞의 기회를 놓치면 내가 더 성장할 기회를 영영 놓쳐버린 것만 같아 전전긍긍했다. 하지만 무엇 하나 놓지 않으려는 행동이, 스스로를 극한까지 밀어붙였다.

학생 비자는 2주 동안 최대 48시간까지만 일할 수 있다는 제한이 있어 나는 주에 24시간 일을 했는데, 그 시간을 최대로 사용하고 싶다는 마음이 있었다. 시간 관리를 위해 사용하는 구글 캘린더에 학교 활동 혹은 이벤트를 넣고 나면 일할 수 있는 시간은 대부분이 병원 야간 근무였다. 야간 근무의 업무 강도는 다른 시간대보다 훨씬 낮았고, 시급은 제일 높았다. 담당 환자가 행동적 이상 없이 잘 때면 병원의 이동식 컴퓨터를 문 앞으로 끌고 와 학교 과제를 했다. 그리고 업무도 주간보다 야간에 자리가 더 많아 야간 근무를 고정적으로 나갈 수 있었다.

그즈음부터 이상한 강박이 생기기 시작했다. 낮에는 수업과 과제, 외부 활동을 나갔고, 집에 가서 잘 시간이 없을 때는 도서관 휴식 공간에 놓인 소파에서 두 시간 정도 쪽잠을 청하고 근무지로 향했다. 이때까지만 해도 낮에 하고 싶은 건 다 하면서 밤에는 돈까지 번다는 사실이 꽤 뿌듯했다. 모두가 잠잘 시간에 돈을 번다니 나에게 하루가 더 생긴 것만 같은 기분이 들었다. 점점 인간의 몸에는 에너지가 정해져 있다는 사실을 무시하기 시작했다. 내 몸이 로봇처럼 체력을 유지하면서 모든 것을 다 잘 해내길 원했다. 로봇처럼 해내지 못하면 나 자신에게 크게 실망했다. 야간 근무가 끝난 후 약 대여섯 시간을 자고 일어나면 시계는 오후 한 시를 가리키고 있었다. 뭔가 하루의 절반을 날려버린 것 같아 잠을 자는 시간이 너무 아깝게 느껴졌다.

하루는 끝내 잠을 자지 않다는 결심까지 해버렸다. 야간 근무가 끝나고 집에 가면 잠에 들 테니, 아예 바로 도서관으로 가서 마감 기한에 다다른 것들을 처리할 생각이었다. 그렇게 야간 근무 전, 가방에 에너지 음료 두 캔과 다음 날 도서관에서 먹을 아침, 점심, 저녁까지 챙겨 집을 나섰다. 야간 근무를 마치고 향한 도서관에서 당연하게도 처참하게 무너진 집중력으로 인해 아무것도 할 수가 없었다. 이 모든 것이 이상한 고집이었다는 것을 깨닫고 집으로 향했고, 샤워 후 그대로 24시간을 잠들어 있었다.

　이 시기 나의 모습은, 너무 심하게 시간 관리에 집착했던 미련퉁이 같기도 하다. 실제로 건강을 고려하지 않는 실수까지 범했지만, 사실 어느 정도는 더 크게 성장하기 위한 그 과정의 일부라고 여겼다. 눈코 뜰 새 없이 바쁠 시기가 평생 있는 것도 아닌데 한 번 제대로 힘들어 봐도 괜찮을 거라고 생각했다. 갑각류는 단단한 껍질에 둘러싸여 있으므로 자신을 보호한다. 그런 갑각류가 가장 연약할 때는 바로 더 크게 성장하기 위해 탈피를 하는 순간이다. 그렇게 가장 연약하고, 취약하며, 불안한 시간을 보내야만 더 크고 단단한 개체가 될 수 있다. 나에게는 이 시기가 바로 그 탈피의 시간이었다고 믿는다.

하루를 꽉 채워
사는 법

어떻게 하면 시간을 최대한 잘 써서 하루를 꽉 채워 보낼 수 있을까를 늘 고민했다. 여러 시행착오 끝에 찾아낸 나만의 시간 관리법을 소개해 보겠다. 참고로 어렸을 때 부터 모든 적성 및 MBTI 검사에서 항상 계획형 성향이 나온 사람이라는 것을 감안하고 읽어주길 바란다.

첫째, 구글 캘린더를 활용한다. '할 일 리스트'를 작성하는 것만으로는 충분하지 않았다. 결국 그 '할 일'을 '언제' 할지 정해 놓아야만 실제로 실행에 옮길 확률이 높아지기 때문이다. 주간별로 보기 기능을 사용해 24시간을 블록화하고 색으로 구분해 일정을 시각적으로 관리하면, 그 주에 어디에 얼마나 많은 시간을 할애했는지 한눈에 볼 수 있다.

구체적인 예시로는 빨간색은 매우 중요한 예약 또는 약속, 주황색은 참석해야 하는 행사, 노란색은 사이트 프로젝트, 초록색은 근무, 연두색은 일상을 위한 필수 활동(집안일 등), 하늘색은 대학 수업 시간, 파란색은 유튜브 운영, 분홍색은 힐링 시간, 연보라색은 개인 과제 등으로 표시했다. 이렇게 색깔별로 일정을 체크하면 어느 곳에 시간을 더 많이 들이고 줄여야 하는지 확인할 수 있어 그다음 주 계획을 짜는 데 훨씬 수월하다.

둘째, 나의 리듬을 측정한다. 일정을 세분화 해둔 이유는 뇌 용량과 에너지를 고려하기 위해서이다. 아침형 인간인 나는 아침에 일어났을 때의 에너지는 90퍼센트 정도 되는데, 여기서 하루를 어떻게 보내느냐에 따라 에너지가 다르게 사용된다. 각각의 과업마다 요구하는 집중도가 다르고, 과업 이후에 몸이 회복하는 속도가 다르다는 점도 고려해야 한다. 따라서 생각을 많이 해야 하거나 창의력이 필요한 일은 되도록 오전에 배치하고, 집안일 같이 몸을 쓰는 일은 과업들 사이에 배치해 휴식 시간 동안 정신 회복 겸 신체 활동을 하도록 한다. 이런 식으로 시각적인 계획 배치를 하면 중간중간에 빈 시간이 보인다. 그 시간은 '덜 중요하지만, 해야 하는 과업'에 사용한다. 소셜미디어 답장을 하거나 인터넷으로 장을 본다거나 하는 것들 말이다.

본격적으로 계획형 인간이 된 것은 중학교 때 스터디 플래너를 쓰기 시작하면서부터였다. 처음에는 타이머를 이용해 하루

동안 공부를 위해 몇 시간을 앉아 있었는지를 표시하는 것부터 시작했는데, 머지않아 앉아 있는 시간이 곧 집중한 시간을 뜻하지는 않는다는 것을 깨닫고 목표 공부 시간과 실제 집중 시간을 따로 기록했다. 공부 시간과 수면 시간의 상관관계를 알게 되며 하루에 몇 시간을 언제부터 언제까지 자는지도 기록했다. 그 결과 뇌가 가장 잘 돌아가는 시간대는 언제인지, 어떤 때 지치고 회복까지는 어느 정도 걸리는지를 알게 되었다. 이렇게 본인의 생체 리듬과 체력, 그리고 한계를 아는 상태에서 시간 계획을 배치하면 실행률이 높아진다.

셋째, 목표를 시각화한다. 나는 원하는 삶을 뚜렷하게 시각화함으로써 원동력을 얻는다. 새해에는 목표와 관련된 이미지를 핀터레스트에서 찾고, 이미지를 출력해 눈이 자주 가는 곳에 붙인다. 그 이미지를 지나치며 볼 때면 무의식적으로 목표를 이루기 위해 어떤 노력을 들이고 있는지, 맞는 방향으로 잘 나아가고 있는가를 생각하게 된다.

유튜브를 활용하는 방법도 있다. 이 영상 플랫폼은 시청자가 좋아할 만한 영상을, 알고리즘을 통해 기가 막히게 찾아서 추천한다. 이 점을 이용한다. 유튜브 계정을 여러 개 만들어 자기계발용, 미래 시각화용으로 사용했다. 자기계발용 계정은 백

색 소음이나 카페 음악 같이 집중하기 좋은 플레이리스트 전용으로, 미래 시각화용 계정은 내가 원하는 미래를 직접 보는 데 사용했다. 스페인 어학연수는 취소되었지만, 여전히 스페인어를 유창히 구사하고 싶었다. 그래서 스페인 일상 유튜버를 구독하고, 그들이 편하게 스페인어로 이야기하는 것을 시청했다. 의욕이 떨어진다거나 아무 생각 없이 영상만 보며 누워있고 싶을 때 미래 시각화용 계정에 들어가 올라오는 영상을 보고 있으면, 언젠가 곧 내 미래에는 이러한 모습이 이루어질 것 같아 기분도 좋아지고, 실제로도 언어 공부에 도움이 되기 때문이다.

넷째, 습관을 체크한다. 삶은 우리의 습관이 모여 결정된다. 그리고 그 습관은 내가 어떤 걸 소비하느냐에 따라 달라진다. 원하는 미래 모습을 시각적으로 자주 보면, 그 목표에 필요 없는 것은 자연스레 덜어내게 된다. 앞에 나왔던 시각화가 중요한 또 다른 이유이기도 하다. 종종 내 습관을 점검한다. 이번 주에 잘한 습관은 뭔지, 새로 생긴 나쁜 습관은 뭔지, 나쁜 습관 대신 어떤 행동을 하는 게 이로운지 살펴보고 기록해 둔다. 예를 들어 유튜브 추천에 홀려 도파민 가득한 영상을 시청한 후에는 곧바로 '관심 없음' 버튼을 눌러 그와 비슷한 영상을 더 이상 추천받지 않는다. 실질적인 삶과 무관한 콘텐츠에 쏟 에너지가 아깝기 때문이다. 습관은 하루아침에 바뀌는 것이 아니다. 가장 효과적인 방법은 이미 존재하는 습관 위에 아주 작은 행동을 겹겹이 쌓아 올리는 것이다. 그러니 지금 나쁜 습관을 먼저 인지하고, 그 위에 좋은 습관을 얹어 가자. 그러다 보면 어느 순간 내 삶이 달라져 있을 것이다.

간호가
내 천직인가 봐

대학 공부를 시작하기 전에는 내 적성이 과연 간호와 잘 맞을지가 가장 큰 고민이었다. 그리고 지금은 그 해답을 찾은 상태이다. 첫 요양원 실습에서 한 일본인 할머니를 만났다. 그녀는 영어로 소통할 수 없었기에 늘 혼자 계셨고, 일본인 직원이 오기 전까지는 모든 사람이 그녀와의 소통을 매우 어려워했다. 그녀의 방을 따로 찾아가 고등학교 때 학교에서 잠깐 배웠던 일본어 기초 회화를 떠올리며 나 자신을 소개하고, 번역기를 사용해 일본어 노래를 불러드리겠다고 전했다. 귀여운 일본 여자아이가 불러 한국에서 유행했던 일본 동요를 틀고 같이 따라 부르기 시작하자 할머니는 손뼉을 치며 환하게 웃으셨다. 그 순간 생각했다. 나는 내가 만나는 환자의 얼굴에 단 한 번이라도 더 미소를 띠게 하는 사람이 되고 싶다고.

    간호 2학년에 들어와서는 2년간 공립 병원의 피아니스트로 활동했다. 골드코스트 공립 병원 로비에는 병원을 찾는 이에게 심신의 안정을 주기 위한 피아노 프로젝트가 몇 년째 이어지고 있다. 간단한 오디션을 통해 봉사자로 합격한 후 시간이 빌 때 종종 가서 피아노를 연주했다. 연주가 끝날 때마다 여러 환자와 직원이 다가와 고맙다고 말해 주었고, 나는 거기서 기쁨을 느꼈다. 하루는 한 할아버지가 내 연주 덕에 피아노 치기 좋아했던 자신의 젊은 시절을 떠올릴 수 있었다며 감사 인사를 건넸다. 그는 주머니에서 손을 꺼내 보여주었고 손가락 일부는 절단 수술을 받은 상태였다. 병원에서의 연주는 단순한 음악이 아닌 가장 약한 순간에 병원을 찾은 사람의 마음과 연결되는 일이라는 것을 깨달았다. 그날 이후 병원에 올 누군가를 생각하며 연주할 곡을 골랐다. 병원에 엄마 손을 잡고 오는 아이가 잠깐이라도 무서움을 잊길 바라며 디즈니 곡을 연습했고, 사랑하는 이에게 마지막 인사를 전하기 위해 찾아오는 이를 위해 위로가 담긴 곡을 골랐다. 음악은 그들에게 백 마디 위로를 전하는 것보다 더 크고 넓은 위로의 언어가 되어주었고, 내가 할 수 있는 가장 진실한 간호의 시작이었기 때문이다.

병원에서 실습하고 일하며 짧지만 깊은 만남도 많았다. 나와 같은 연도, 같은 날에 태어난 환자와 악수를 나눈 적도 있었고, 생일을 홀로 맞은 환자에게 작은 케이크를 가져다주며 생일 축하 노래를 부른 적도 있다. 하루 동안 돌봐드린 할머니가 눈물 고인 눈으로 내 손을 꼭 잡으며 고맙다고 말씀하시던 순간도 잊히지 않는다. 암 병동 실습에서는 생과 사가 하루 만에 갈리기도 했다. 어제 만났던 환자가 오늘은 세상에 없기도 했고, 어제 만났던 환자가 오늘은 환한 미소와 함께 퇴원하기도 했다. 슬퍼하는 환자의 손을 꼭 잡아주고, 필요한 케어와 서비스를 연결해 줄 수 있는 사람이 된다는 것. 간호를 선택하길 정말 잘했다는 생각이 들었다.

간호사가 단점 없는 환상적인 직업이 아니라는 것은 아니다. 업무 실수는 환자의 건강 상태와 직결되기 때문에 수많은 것을 고려해야 하는 스트레스가 따른다. 또한 다양한 의학 지식에 관한 끊임없는 공부도 필요하다. 여기에 더해, 다양한 환자를 만나야 하기에 그로 인한 위험과 정신적 부담도 함께 존재한다. 하지만 큰 병원일수록 의료진 지원 프로그램과 시스템이 잘 갖추어져 있고, 병동에 따라 다르지만 업무 강도나 일과 삶의 균형이 괜찮은 편이다. 의료진에게 공격적으로 나오는 환자가 있으면 언제든지 코드 블랙을 발령해 보안 요원으로부터 보호받을 수 있다. 내가 경험한 호주 병원은 간호사의 육체적 건강을 보호하기 위한 문화 및 시스템도 잘 자리 잡혀 있다. 병원에서 간호사 보조 일을 하는 동안 시니어 간호사들은 내가 무리하는 것으로 보이면 안전한 작업 자세와 적절한 장비 사용의 중요성을 강조했다. 육체적 부담이 더 큰 업무는 병동 보조 인력을 호출해 다양한 방면에서 적절한 도움을 요청할 수 있었다.

　병원의 시스템적인 지원 아래 경력이 쌓인 후에는 일할 수 있는 곳이 무궁무진하다. 병원 내에서는 부서(병동) 전환 프로그램을 통해 가고 싶은 병동 어디로든 이동해 가거나 공중보건, 가정간호 등 지역 기반 케어로도 진출할 수 있다. 추가적인 교육을 받아 시술·미용·교육·헬스테크·전문 클리닉 등 다양한 현장에 참여하거나 창업을 시작할 수도 있다. 간호사는 인력 부족 직군에 속하기 때문에 백수가 될까 걱정 하지 않아도 된다. 3년의 교육 과정 후에 이 정도의 확실한 미래를 보장해 주는 학과가 또 어디 있을까? 내가 익힌 간호 지식과 기술은 평생 유용한 자산일 거라는 것을 확신한다.

호주 병원
취업기

2학년 무렵 학과 간호 선배가 졸업 후 멜버른에 있는 역사 깊은 병원으로 취업하는 것을 보고, 골드코스트의 병원 취업을 목표로 하는 것이 나에게 최고의 선택이 맞는 걸까 고민하게 되었다. 다른 도시에서 골드코스트로 이사 온 몇 명의 간호사에게 이곳으로 온 이유에 관해 물었다. 대부분의 간호사 모두 퀸즐랜드의 날씨가 다른 주보다 훨씬 나은 데다, 시급도 호주 전역에서 가장 높아 만족도가 높다고 했다. 이 고민은 간호 3학년이 되어 취업 시장에 뛰어들 때까지 지속되었다. 하지만 결론적으로 나는 골드코스트에 남기로 했다. 이 도시와 사랑에 빠져버렸기 때문이다. 미리 경고하겠다. 이 꼭지는 나의 개인적인 골드코스트 자랑 파트이다.

    첫째, 해변 도시 특유의 분위기가 좋았다. 이름부터 금빛 바닷가인 이곳은 아름답고 서핑을 타기 좋은 해변이 많다. 어느 해변을 가도 보이는 서퍼 애호가부터 대중교통에도 설치되어 있는 서프보드 거치대까지. 호주에서 서핑하는 모습을 꿈꿔왔던 나에게 이보다 더한 낭만 도시는 없었다. 호주에 오기 전에 내가 생각했던 여유로운 분위기를 정확히 가진 곳이었다. 사람들이 대체로 여유롭고 서글서글한 편인 것도 마음을 편하게 해줬다. 한 시간 거리에 있는 브리즈번만 가도 비즈니스 양복을 입은 사람이 많다. 그런데 대충 반팔에 쪼리 신고 나오는 골드코스트 사람의 일상복을 보면 괜히 나도 더 편해진다. 고층 건물이 많은 대도시는 빌딩으로 인해 조각난 햇빛만이 땅에 닿는데, 고층 건물은 몇 개 안 되는 골드코스트에서는 어딜 가던 비타민 D를 듬뿍 받을 수 있다. 무더운 여름에도 그늘에 있으면 꽤 시원하다. 또는 바다에 뛰어들어 즐기면 그만이다.

둘째, 라이프 스타일과 잘 맞았다. 나는 사람들로 북적이는 곳을 좋아하지 않는다. 도심에 하루만 나가도 체력이 금세 동나고, 사람까지 많으면 기가 실시간으로 빨린다. 호주 깡시골에서 살 때도 심심하다고 생각해 본 적이 없다. 시간이 나면 유튜브 편집을 하거나, 새로운 기타곡을 연습해야 하거나, 공원에 나가 스케이트 타는 연습을 했기에 지루할 틈이 없었다. 그렇다 보니 골드코스트의 인구밀도가 딱 좋았다. 작은 도시지만 있을 건 다 있는 도시. 커다란 쇼핑센터도 있고, 맛있는 식당도 많다. 도파민 팡팡 터지는 새로운 트렌드나 맛집 탐사에는 관심이 없다. 내가 좋아하는 단골집만 있어도 충분하다.

셋째, 골드코스트의 긍정적인 의료계 미래를 보았다. 그리피스대학교 바로 앞에는 골드코스트 공립 대학 병원이 있다. 2013년에 새 건물로 이전하면서 시설이 굉장히 넓고 깔끔해졌고, 호주 전체 병원 순위에서도 상위 10위 안에 드는 곳이다. 골드코스트 캠퍼스에서 공부한 학생 대부분 이 병원 취업을 희망하며, 나 또한 마찬가지였다. 여러 병원에서 실습을 해봤지만, 이곳만큼 좋은 시설을 갖춘 곳은 보지 못했고, 이미 유신으로 일하고 있었던 데다 피아노 봉사까지 하고 있었기에 추억이 많은 병원이었다.

골드코스트에서는 골드코스트 공립 대학 병원을 중심으로 '루미나 Lumina 프로젝트'라는 대규모 의료·헬스케어 혁신 지구를 개발 중이다. 이곳은 생명과학, 보건, 기술 분야의 성장을 촉진하기 위해 마련된 공간으로, 스타트업부터 대기업까지 입주해 연구실, 사무 공간, 공동 작업 공간 등으로 활용할 수 있다. 새로운 기업이 아이디어를 시험하거나 성장한 기업이 연구소와 사무실을 확장하며 지역 사회와 연결될 수 있는 플랫폼 역할을 한다. 의료 종사자로서 마다할 이유가 없는 장점이다. 게다가 골드코스트 북쪽에는 새로운 병원이 건설되고 있었기에 앞으로는 어디서든 취업 기회가 더욱 넓어질 것이라고 확신했다.

신규 간호사 채용 시기가 다가왔을 때 굳이 복잡하고 오래 걸리는 지원 과정을 거쳐 빅토리아 상위권 병원 몇 곳에 이력서를 넣었다. 3년 동안 이뤄놓은 학교생활이 담긴 나의 이력서가 인정받을 만한 수준인지 궁금했기 때문이다. 빅토리아주 멜버른에 있는 몇 곳의 병원으로부터 서류 합격 소식을 받았다. 골드코스트에서 살고 싶다는 생각은 컸지만, 경험 삼아 면접을 보러 멜버른으로 2박 3일 여행을 떠났다. 나의 첫 멜버른 여행이었다.

그리피스를 졸업하고 멜버른에서 간호사 생활을 시작한 선배를 통해 멜버른과 간호사 이야기도 많이 들을 수 있었다. 이틀 밖에 실습 휴가를 내지 못한 나를 위해 초고속 멜버른 투어뿐만 아니라 일하는 병원 투어까지 시켜주었다. 그 덕에 짧은 시간 내에 많은 것을 보고 생각할 시간을 가질 수 있었다. 두 곳의 병원 면접은 모두 그룹 면접으로 다섯 명 정도가 함께 주어진 시나리오를 해결하는 활동을 했다. 면접관들은 편한 분위기를 조성하려고 했으며, 우리가 서로 어떻게 소통하는지를 중점으로 평가했다.

결론적으로 이 여행을 통해 골드코스트에 뼈를 묻어야겠다고 생각했다. 문화와 예술의 도시라고 불리는 멜버른이지만 나에게는 그다지 매력적으로 느껴지지 않았다. 그리고 공항에서 나와서부터는 말로만 듣던 하루 사계절을 경험하느라 길거리에서 외투를 열 번은 입었다가 벗었다를 반복했다. 인구 밀도도 높아 요리조리 사람을 피해 걸어야 했고, 빵빵거리는 차량에 기가 빨려 한시라도 빨리 골드코스트로 돌아가고 싶었다.

  멜버른을 여행하는 동안 골드코스트 병원 서류 합격 사실도 듣게 되었다. 골드코스트 공립 병원은 1차로 약물 계산 시험을 보고, 2차로 온라인 면접을 진행한다. 환자 시나리오를 주고 간호사로서 어떻게 행동하겠는지 묻는 행동형 질문과 스트레스 관리는 어떻게 하는지, 이 병원과 지원자가 어떤 점에서 잘 맞다고 생각하는지 등을 묻는 질문이 나왔다. 숨을 가다듬고 간호사로서 지켜야 할 사항, 고려해야 할 것을 언급하며 서술해 나갔다. 개인적인 경험과 간호를 연결해 서술하고, 나라는 사람을 보여주기 위해 노력했다. 나는 어떤 사람이고, 어떤 노력을 해온 사람인지, 그리고 앞으로 어떻게 성장하고 싶으며, 왜 이곳에서 일하는 것이 나의 꿈에 도움이 될 것인지 등을 이야기했다. 그리고 많은 경험을 통해 많은 성장하고 싶은 사람이라고 말했다. 그렇게 약 두 달 후, 원하던 부서로 최종 합격 통지를 받았다.

내가 금수저가
아니라서
불쌍하대

호주에서 만난 유학생 중 대부분은 경제적으로 부유한 환경에서 자란 친구가 많았다. 스키를 타러 미국을 다녀오겠다던 친구, 생일 선물로 그랜드 피아노 받았다는 친구, 독립 전에 부모님이 집 한 채 정도는 사주는 게 당연하다고 말하는 친구도 있었다. 내가 야간 근무로 수면 부족을 겪고 있었을 때 한 친구는 비행기 퍼스트 클래스를 타고 한 달간 세계 여행을 하느라 시차 적응 때문에 수면 부족을 겪고 있었다.

　그들의 삶은 충분히 부러워하거나 질투할 수 있을 만한 것이었다. 실제로 내 유튜브 채널에 세상은 불공평하다며, 잘 사는 집은 애가 유학가기 싫다고 해도 부모가 기어코 보내준다던데 이렇게 고되게 사는 애가 있다는 게 불쌍하다는 댓글도 있었다. 물론 나도 모르게 부러움 또는 질투를 느꼈던 적도 있다. 마음이 아린 것 같이 참 괴로운 감정이었다. 상대방은 내가 이런 감정을 느끼고 있는지도 모를 텐데, 다른 사람 인생의 하이라이트 장면만 보고 부러워하는 내 모습이 부끄러웠다. 그 괴로운 감정을 다시 느끼고 싶지 않아 부러움이라는 감정에 대해 깊이 생각해보았다. 자라오면서 부러움의 대상은 늘 바뀌어 왔다. 어렸을 때는 나보다 달리기를 잘하는 친구가 부러웠고, 학창 시절에는 나보다 상을 많이 받는 친구가 부러웠고, 워킹홀리데이 동안에는 나보다 돈을 더 많이 버는 사람이 부러웠다. 유학 시절 셰어하우스에 살면서 다른 사람과의 생활 습관 차이로 쓸데없는 스트레스를 받아야 할 때면 혼자 사는 친구가 부러웠다. 그리고 내가 있는 장소와 시간이 변함에 따라 부러움의 대상은 항상 바뀌었다는 걸 깨달았다. 부러움의 대상이 되는 사람이 이 지구에 존재하는지도 몰랐을 때는 부러움을 느낄 수가 없었는데, 그런 사람이 시야에 들어왔다고 해서 내 마음이 괴로워지는 것이 얼마나 쓸데없는 일인가를 깨달았다. 지금의 나는, 어린 시절에 나보다 달리기를 잘하는 친구에게 느꼈던 부러움을 느끼지 않는다. 그리고 미래의 나는, 내가 지금 겪는 부러움을 그리워하지 않을 것이다.

중요한 것은 5년 전 과거에 꿈꿨던 내 모습이 현재의 모습이며, 앞으로 꿈꿔갈 모습도 노력으로 이뤄나갈 것이라는 사실이다. 행복은 꿈을 추구하는 과정에 있다. 자신의 사명과 목적을 위해 나아가는 데에서 행복을 얻기 때문에 가치 있는 모든 건 부딪혀볼 가치가 있다. 그 길은 힘들겠지만 정상에서 본 경치는 더 아름다울 것이다. 오르기 위해 최선의 노력을 다 했으니까.

성장은 모두에게 다르게 나타난다. 누군가의 삶을 부러워하며 초라해질 이유가 없다. 결국 성장은 누군지도 모르는 남과의 비교가 아니라, 평생을 함께할 나 자신과의 여정이기 때문이다. 우리 앞날에 다가오는 모든 어려움을 낭만의 요소로 취급해 버릴 수 있다는 것을 잊지 말자.

삶의
최종 목적지
그리고 목표

요양원과 병원에서 근무하며 많은 사람의 생애 마지막 순간을 지켜봤다. 복도에서 함께 춤추고 노래하던 할머니, 할아버지들이 건강이 악화하면서 침대에서 일어나지 못하고 결국 세상을 떠나는 모습을 보며 삶과 죽음에 대해 깊이 생각하게 되었다.

도대체 무엇을 이루고자 이렇게 열심히 살아가는 걸까? 후회 없는 삶을 살려면 어떻게 해야 할까? 삶의 의미에 대해 생각해 보는 시간을 가져보았다. 다른 사람이 세운 기준에 따라 행복이 흔들리지 않고, 내 마음속 한 마디를 실제로 이루어 가는 삶. 결론적으로 내가 원하는 인생은 '성공적인 삶'이 아닌 '성취하는 삶'이라는 것을 깨달았다. 그리고 내 여정은 실제로 그렇게 시작됐다. '해외에서 살아보고 싶다'는 마음속 한마디를 시작으로, 해외에서 살려면 어떤 걸 해야 할까? 무엇을 공부하고 어떤 길로 나아가야 할까? 고민하며 이곳에서 살아남으려면 어떻게 해야 하는가를 파고들다 보니 어떻게든 살아남았다. '영어를 잘하고 싶다' '기타를 잘 치고 싶다' '취미로 서핑하고 싶다' 같이, 언제나 간단하지만 분명한 한 문장이 내 삶을 움직여왔다. 그리고 그 한마디 한마디가 현실에서 이루어져 가는 것을 볼 때면 큰 성취감과 행복을 느낀다.

누군가에게는 더 편하게 주어진 것이, 나에게는 주어지지 않을 때도 있다. 하지만 그 덕에 하나하나 이뤄갈 때마다 그 경험의 가치가 더 소중했다. 집에 있을 때 물 한 잔 마시는 일은 아무것도 아니지만 마라톤을 뛰다 마시는 한 모금의 물은 너무나도 소중하다. 이처럼 '가치'라는 것은 모두에게 매번 다르게 다가온다. 그렇게 나에게 주어진 것이 당연한 것이 아님을 인지하고 항상 감사하는 삶을 살고 싶다.

앞으로 5년 동안의 미래 모습을 종종 상상해 보기도 한다. 간호사로 근무하며 영주권을 취득하고 안정적으로 일하면서 일터 밖에서는 새로운 것을 사이드 프로젝트로 시도해보고 있지 않을까 싶다. 출근 전 바다에 들어가 서핑으로 하루를 여는, 해안 도시의 작은 낭만을 즐기고 있는 모습도 그려본다. 지금까지 그래왔듯이 하고 싶은 것을 하나하나 해나가는 중일 것이다.

살다 보면 스스로가 미련하고 바보 같아 실망스러운 날도 있다. 그래도 괜찮다. 완벽할 필요는 없다. 조금 바보 같고 미련한 선택 속에서만 얻을 수 있는 배움이 있다. 깨져 봐야 다시 붙이는 법을 배운다. 깨지는 것이 두려워 아무 선택도 하지 않으면 아무 일도 일어나지 않는다. 그러니 할 수 없는 이유가 아니라 할 수 있는 이유를 세며 앞으로 나아가자. 그렇게 나타난 작은 점 같은 행동의 변화가 서로 연결되어 결국 우리의 미래를 바꿀 것이다. 늦은 건 없다. 오늘은 앞으로 남은 인생에서 가장 젊은 날이니까. 인생을 조금 재미있게 살아봐도 괜찮다.

이제 당신에게도 묻고 싶다. 당신의 삶을 움직이는 그 한 문장은 무엇인가?

Collect
40

아무 선택도 하지 않으면
아무 일도 일어나지 않아

1판 1쇄 인쇄 2025년 11월 6일
1판 1쇄 발행 2025년 11월 13일

지은이 다이앤(윤다영)
발행인 김태웅
기획편집 정보영, 김유진
디자인 김지혜
마케팅 총괄 김철영
마케팅 서재욱, 오승수
온라인 마케팅 양희지
인터넷 관리 김상규
제작 현대순
총무 윤선미, 안서현
관리 김훈희, 이국희, 김승훈, 최국호

발행처 ㈜동양북스
등록 제2014-000055호
주소 서울시 마포구 동교로22길 14(04030)
구입 문의 전화 (02)337-1737 팩스 (02)334-6624
내용 문의 전화 (02)337-1734 이메일 dymg98@naver.com

ISBN 979-11-7210-140-4 03810

- 이 책은 저작권법에 의해 보호받는 저작물이므로 무단 전재와 무단 복제를 금합니다.
- 잘못된 책은 구입처에서 교환해드립니다.
- ㈜동양북스에서는 소중한 원고, 새로운 기획을 기다리고 있습니다.
- http://www.dongyangbooks.com